AF389794

LES PYRÉNÉES INCONNUES

LE CAPSIR ET LE DONNEZAN

PAR

Le Dr JOUGLA

Secrétaire adjoint de la Société des sciences
physiques et naturelles, de Toulouse.

PARIS

SAVY, ÉDITEUR,

77, boulevard Saint-Germain, 77.

TABLE DES MATIÈRES

LE CAPSIR ET LE DONNEZAN

PAR

Le Dr JOUGLA

Secrétaire adjoint de la Société des sciences
physiques et naturelles, de Toulouse.

PARIS

SAVY, ÉDITEUR,
77, boulevard Saint-Germain, 77.

LE CAPSIR ET LE DONNEZAN

INTRODUCTION

Les belles montagnes qui limitent la France au sud et que l'on voit se développer à certains jours à l'horizon, occupent assurément une place distinguée dans l'estime des alpinistes de tous les pays. Sans parler de leur intérêt au point de vue médical et des ressources qu'elles offrent aux malades, leurs sites magnifiques, leurs cimes élevées, leurs cascades, leurs lacs et leurs forêts suffiraient à assurer aux Pyrénées une abondante clientèle de touristes. Aussi, chaque année, les visiteurs sont-ils nombreux, les régions voisines des grandes stations thermales voient défiler de charmants cortèges se rendant aux diverses localités vantées par les *guides* et reproduits par les photographies ; pendant ce temps, les savants explorent les montagnes, les vallées, les accidents de terrains, étudient leur formation, leur flore, leur faune, produisant ensuite une série de travaux bientôt disséminés dans diverses publications périodiques et qui, s'ils étaient réunis, constitueraient un volume aux dimensions fort respectables.

Mais, si Luchon, Bigorre, Cauterêts, les Eaux-Bonnes et les pays environnants ont été souvent décrits et bien étudiés, il n'en est pas de même de certaines régions moins faciles à aborder, mais cependant fort remarquables qui font partie des Pyrénées. De ce nombre sont le Capsir [et le Donnezan, qui, jusqu'à ces dernières années, ont été peu visitées.

Ce serait pourtant une exagération que d'assimiler ces localités aux contrées dont le nombre a d'ailleurs si notablement diminué dans ces dernières années, et qui sur les cartes du continent africain, par exemple, sont désignées par les mots *pays inconnu.*

La belle carte de l'état-major, dont les travaux préparatoires sur le terrain remontent à l'année 1851 (Quillan et Prades), suffirait à montrer que les belles montagnes de cette région ont été minutieusement décrites et figurées depuis plusieurs années.

Au point de vue des sciences naturelles, le Capsir avait été visité avant notre époque par un certain nombre de savants : Lapeyrouse, Barrèra et Coder entre autres.

De même pour le Donnezan, qu'explorèrent successivement Gouan, Lapeyrouse Pourret et Barrèra.

Depuis le commencement du siècle, un bien petit nombre de savants ont suivi les traces des maîtres que nous venons de citer. L'occasion se présentera de les nommer dans la suite de ce travail.

Mais que faut-il entendre par les mots de Capsir et de Donnezan, noms inconnus ou à peu près de la géographie moderne, car ils sont des restes des anciennes divisions de notre pays, antérieures même à la constitution en provinces ?

Le Capsir est la haute vallée de l'Aude, le Donnezan, la région qui lui fait suite.

Tous les ouvrages de géographie disent que l'Aude prend sa source au pic de Carlitte ; le fait n'est pas tout à fait exact ; l'Aude naît bien dans l'angle que forment avec les Pyrénées, dirigées de l'Est à l'Ouest, les Corbières occidentales, dont la direction est Sud-Nord et qui constituent la chaîne de partage des eaux de la France ; mais l'étang d'où sort l'Aude est situé au sommet d'une gorge que la haute vallée de la Tet sépare du Carlitte.

Après un trajet de quelques kilomètres, l'Aude atteint un vaste plateau situé à 1,600 mètres d'altitude, c'est le Capsir, qui se termine au col des Ares où commence le Donnezan. Le trajet du fleuve contraste ici avec son aspect antérieur. L'Aude, en effet, est enfermée dans une gorge extrêmement étroite et profonde, sorte de ravin au travers duquel son lit est creusé jusqu'aux environs de Quillan.

Le Donnezan ne s'étend pas jusque-là ; il se termine à Usson au point où l'Aude reçoit sur la rive gauche la Bruyante et tous les ruisseaux venus de Quérigut et des montagnes environnantes.

Au point de vue de la division actuelle en départements, ces deux régions appartiennent : la première, au département des Pyrénées-Orientales ; la seconde, à l'Ariège. C'est là, pour le dire en passant, une anomalie peu explicable, car tout semblait devoir rattacher le canton de Quérigut à l'Aude et non à l'Ariège.

Les deux contrées dont nous venons d'indiquer rapidement les limites ont été dans ces dernières années visitées à plusieurs reprises par les membres de la Société des sciences physiques et naturelles. MM. le docteur Jeanbernat et E. Timbal-Lagrave ont publié, dans le recueil des travaux de cette Société, une monographie complète du Donnezan sous ce titre : le *Massif du Laurenti*. Ce travail considérable où sont exposés magistralement les résultats des longues études poursuivies par les auteurs pendant plusieurs années sur la géologie et la botanique de cette région, sera prochainement suivi d'une monographie analogue se rapportant au Capsir, et nous ne doutons pas que le monde savant ne réserve à cette nouvelle œuvre le même accueil flatteur qui a été fait à celle qui l'a précédée.

Ayant eu la bonne fortune de prendre

part, en simple curieux, à quelques-unes
des excursions, il nous a paru utile de
donner un aperçu de ces intéressantes régions. C'est à quoi sont consacrées les pages suivantes, pour lesquelles nous ré-
clamons l'indulgence du lecteur.

LE CAPSIR

I

DE PERPIGNAN A PRADES

Partis de Toulouse par le train rapide
de 11 heures du soir, nous arrivions
à Perpignan à 3 heures. En attendant
l'heure du premier départ pour Prades,
nous pûmes visiter la curieuse capitale
du Roussillon, ses monuments si forte-
ment empreints des traces de la domina-
tion des Maures, ses églises aux orne-
ments surchargés de dorures rappelant
l'Espagne, enfin ses beaux jardins où fleu-
rissent en pleine terre les lauriers roses
aux proportions presque colossales, et
qui, à cette époque, sont littéralement
couverts de fleurs. Chemin faisant, un eucalyptus de plusieurs mètres de haut
attira notre attention par l'étrangeté
d'aspect particulière aux arbres de cette
espèce.

Grâce aux chemins de fer et aux stations balnéaires qui avoisinent Perpignan, cette ville est aujourd'hui connue de tout le monde ; aussi toute description paraîtrait-elle inutile.

A 9 heures, le train de Prades nous emportait vers une région moins connue, que le Canigou domine de sa masse imposante. Ce qui frappe tout d'abord dans cette plaine qui entoure Perpignan, c'est la fertilité et le bon état des cultures. Les irrigations, par lesquelles les habitants parviennent à compenser les mauvais effets d'un climat exceptionnellement chaud, ne sont certes pas sans influence sur cette belle végétation : des arbres nombreux surgissent de tous côté, embellissant le paysage, et aussi contribuant à augmenter le revenu de la terre. Cette année cependant les arbres fruitiers seront de peu de secours, le commerce d'exportation des fruits en caisse si considérable entre la gare de Perpignan et le reste de la France, est tombé en effet de 1,700 caisses par jour, chiffre de 1878, à 200.

Cette plaine est bornée par des montagnes nombreuses qui dessinent à l'horizon leur profil caractérisque. On voit ici non pas une chaîne mais un entrecroisement de chaînons limitant un espace assez analogue à un parallélogramme dont un des côtés seulement est plat, celui de la mer.

Examinons-les successivement :

Au Nord se déroulent, limitant la vallée de la Tet, les Corbières-Orientales qui séparent le bassin de la Tet de celui de l'Agly et se terminent vers l'Ouest au pic de Bernard-Salvage dont on voit le sommet sous forme d'une crête couverte de neige. Au Sud, se sont les Albères dont nous voyons seulement une partie, celle qui est la plus rapprochée de la mer reconnaissable au creux que forme le col du Perthus. Plus loin, les Pyrénées sont masquées par un chaînon détaché auquel se rattache le Canigou, et qui forme la limite Nord de la vallée du Tech. Tout au fond et à l'Ouest, le Canigou s'élève comme une énorme barrière dominant tout le pays. Au Nord de ce massif passe la vallée de la Tet.

Telle est, à vol d'oiseau, la disposition générale du pays, des cours d'eau et des vallées.

Ce qui donne encore au paysage son aspect particulier, c'est la présence du Canigou. Vue de la ville, la montagne ne présente pas un grand air ; étalée en quelque sorte sur le fond de la vallée, elle se détache sur le ciel en forme de pyramide à large base, dont les côtés obliques et éloignés de la verticale rapetissent la hauteur. Celle-ci est pourtant considérable, puisque le Canigou s'élève de 2,785 mètres au-dessus du niveau de la mer (Perpignan n'est qu'à 20 mètres). En outre, par un effet qui tient à la distance, on ne distingue de Perpignan ni les contreforts ni les anfractuosités de la montagne. Au soleil levant, ses flancs se colorent peu à peu de teintes roses, un peu brumeuses d'abord, de plus en plus claires par la suite, jusqu'au moment où l'astre du jour inonde de lumière le géant des Pyrénées-Orientales, spectacle d'autant plus saisissant que la plaine est encore plongée dans les ombres de l'aube naissante.

A mesure que le chemin de fer de Perpignan à Prades nous rapproche d'elle, la montagne change d'aspect et de profil. Elle semble grandir ; ses anfractuosités apparaissent une à une ; ici comblées encore par la neige qui y trace des coulées d'un blanc mat ; là reconnaissables seulement à l'ombre portée sur le fond des ravins par les parois qui les limitent. Enfin, on constate bientôt que le Canigou est en réalité composé de deux régions bien distinctes. L'une, celle de la base aux croupes arrondies, enchevêtrées, semble former piédestal à la seconde, proprement dit, c'est la chaîne des Aspres.

Pendant que nous notons tous ces détails, le train marche lentement, il est vrai, mais il marche ; c'est que nous ne sommes plus ici sur une grande ligne.

Construite en 1868 par une Compagnie dont un banquier d'Agen était le principal actionnaire, la ligne de Perpignan à Prades est aujourd'hui en déconfiture. Bien d'autres lignes d'intérêt local, nées au moment de l'ouverture de la campagne con-

tre les grandes Compagnies, n'ont pas eu
des destinées plus heureuses ; mais l'inter-
vention de-la Chambre des députés, due
aux sympathies plus ou moins platoniques
de quelques hauts bonnets de la politique
et de la finance, ont fixé leur sort, et de
lignes d'intérêt local, les Charentes, la
Vendée, etc., etc., sont devenues réseau
d'Etat. Ici rien de tel, le sequestre continue à présider aux destinées de la ligne
de Perpignan à Prades, et la Compagnie
du chemin de fer du Midi hésite à adjoin-
dre à son réseau ce petit tronçon dont on
demande une somme jugée trop forte.
Cela changera tôt ou tard, d'autant plus
tôt d'ailleurs que la prolongation de la
ligne jusqu'à Olette est inscrite dans les
projets Freycinet.

Quoi qu'il en soit, tout ici sent la petite
Compagnie. Les wagons de 3e classe seuls
sont mieux aménagés, sous certains rap-
ports, que ceux des grandes lignes. Ils
sont pourvus, en effet, d'impériales très
aérées qui permettent de bien voir le pays
et de respirer à l'aise, quand toutefois
leur toiture n'a pas été chauffée pendant
toute une journée par un soleil de plomb.
La Compagnie du Midi ne pourrait-elle
pas adopter cette forme de voiture pour
sa ligne des Pyrénées ?

En dehors de cette particularité avan-
tageuse, tout est construit dans des proportions restreintes ; les locomotives elles-
mêmes ont un aspect réduit. Mais ce qui

trappe surtout, c'est la marche du train.

Dans chaque gare, en effet, on s'arrête pendant huit ou dix minutes, souvent sans raison aucune, car la machine reste attelée au train. Les gens du pays, très au courant du service, descendent, se groupent autour de la fontaine de la gare et engagent là de longues conversations. Les nouveaux voyageurs ont pris place depuis longtemps, ceux qui sont arrivés à destination ont pu rejoindre leur demeure et y faire même un bout de toilette après avoir embrassé toute la maisonnée, que le train n'a pas encore quitté la gare. Qu'attend-on cependant ? ni le mécanicien ni le chauffeur n'ont fait la moindre fugue ; le chef de gare, tranquille comme un homme sûr de son service et que ne trouble aucun remords, se promène sur le trottoir, donnant une poignée de main par-ci, disant un amical bonjour par-là, contemplant par instants la sonnette sans paraître se douter de l'attente anxieuse des voyageurs, qui se demandent quand on partira et ce que l'on attend. Le gendarme lui-même, toujours à son poste et propre comme un sou neuf, devise, aussi gaiement que ses fonctions le lui permettent, avec les naturels du pays... et le train ne part pas.

On commence vraiment à désespérer. Mais voici que l'aspect de la gare change. « Allons, messieurs, dit paternellement le chef de gare, nous partons ! » L'employé s'époumonne à crier « en voiture ! » rien n'y fait ; chacun rejoint tranquillement et au petit pas son wagon ; on termine la causerie commencée. Enfin tout le monde est monté, le chef de gare saisit sa sonnette. Moment solennel ! il l'agite, elle sonne. On va partir ? au bout d'un instant la locomotive siffle à son tour. On part ! on est parti. Enfin !...

Et à chaque gare le même temps d'arrêt ; aussi met-on deux heures pour faire 41 kilomètres.

Quant à l'explication de cette lenteur dans la marche, elle est facile. La ligne n'a pas de train spécial pour les marchandises, de sorte que tous les convois sont mixtes ; aussi a-t-on fixé huit ou dix minutes d'arrêt pour permettre les mouvements de gare nécessités par l'adjonction des wagons.... quand il y en a à prendre.

On n'attend pas, sans doute, une description minutieuse de la route ; elle est pourtant fort jolie. Le pays, morcelé en mille cultures différentes, a dans la plaine un aspect verdoyant avec lequel contrastent les flancs des petites montagnes voisines, dont le sol semble brûlé par le soleil et sur lequel se détachent en vert glauque les oliviers au triste feuillage ; partout l'eau court dans des rigoles d'irrigations : ici pour s'étendre dans des plaines, là pour arroser vignes et champs de toute nature. Des arbres, appartenant aux essences les plus diverses, ornent ce riant paysage ; par instants, on aperçoit des haies d'aloës aux feuilles raides, aux dimensions presque colossales, qui semblent les témoins des âges antérieurs et la preuve du travail fait par l'agriculteur, dont les soins successifs ont remplacé par des cultures fécondes les végétaux étranges, mais peu utiles, jetés là par la nature.

A Ille, le pays devient plus riant encore. Cette plaine est, en effet, la région des beaux fruits hatifs et de la culture intensive des primeurs. Que de pêches, de raisins, de melons, d'artichauts, d'asperges sont partis de ce petit village pour aller faire l'ornement des vitrines de Chevet, Véfour, etc. ; bon nombre, d'ailleurs, s'arrêtent en route pour servir à l'approvisionnement des grandes villes, Montpellier, Toulouse, etc., devançant d'un bon mois sur les divers marchés les productions indigènes de même nature.

Après cela, faut-il s'étonner de l'abondance des arbres fruitiers à Ille, de leur culture, plus soignée encore que partout ailleurs, enfin du petit air cossu des habitants ? Ille est évidemment un pays béni du ciel ; le soleil aidant et l'eau ne manquant pas, tout est possible, on le sait, en fait de culture.

Jusqu'à Boulternère, le pays est toujours plat ; la voie ferrée fait à peine quelques courbes pour se rapprocher des villages, et, par quelques tranchées seulement, entame le sol. Mais les accidents de terrains commencent bientôt, on se rapproche du Canigou dont s'élève à gauche, la masse de plus en plus imposante. Après avoir longé les Aspres, on perd de vue leurs maisons, leurs fermes, leurs châteaux, pour entrer dans la partie vraiment montagneuse de la vallée de la Tet. Les courbes, les tunnels, les tranchées, les remblais, les ponts, les viaducs se succèdent avec rapidité, et cette abondance de travaux d'art n'a pas peu contribué, sans doute, à la débâcle de la Compagnie. Mais, comme tout cela est pittoresque. Il y a là des paysages merveilleux ; des échappées sur la montagne semblables à des tableaux de féérie par le contraste entre la plaine riante et la sauvage grandeur des cimes ; et partout des villages ; tantôt ils s'allongent en une double file de maisons longeant la route ; d'autres fois, toutes les habitations se groupent sur un escarpement avec l'église au milieu et semblent des moutons serrés autour du berger. Plus loin, au sortir d'un tunnel se, trouve un viaduc, par le lit du torrent apparaît un énorme ravin que la route franchit sur un beau pont et sur les flancs duquel des hameaux sont disséminés, tandis que des fermes se suspendent aux flancs du rocher.

Plus nous avançons, plus la vallée se rétrécit. Après avoir dépassé Vinça, gros bourg situé dans une plaine, la voie s'engage dans une partie plus resserrée et à

Marquixanes, la route de terre, celle de fer et la rivière passent côte à côte dans un étroit défilé.

L'horizon s'élargit de nouveau, on franchit plusieurs torrents pour arriver enfin à Prades.

La gare est encombrée de wagons, parmi lesquels beaucoup sont chargés de minerais. Au dehors foisonnent voitures, diligences et omnibus avec leurs crieurs obligés. Voulez-vous aller à Molitz, au Vernet, à Olette, à Mont-Louis, à Puycerda, Bourg-Madame, etc., vous n'avez qu'à parler. Mais si votre unique ambition est, pour le moment, de déjeuner, prenez la voiture de l'hôtel Jannuary, après avoir remis à l'employé le bulletin des bagages (on vous les apportera à l'hôtel). L'omnibus se garnit rapidement ; en route donc pour le déjeuner. Le trajet n'est pas long ; vous descendez et à l'instant vous retrouvez le personnel cosmopolite des villes d'eau de la frontière ; singulier mélange de Français et d'Espagnols. Ces derniers sont groupés sous le péristyle de l'hôtel, ils causent très haut, plaisantent avec leur *senora* et ne se dérangeraient pas d'une ligne pour vous faire passage.

Allez toujours ; car ici la *faim* justifie les moyens. Bientôt vous vous installerez à une bonne table abondamment servie, à la *française*, bien entendu, et si vous ne mangez pas crânement, la bonne hôtesse viendra s'informer des nouvelles de votre santé, tout comme si elle ne vous voyait pas pour la première fois, et fera glisser dans votre assiette une aile de volaille ou un morceau d'omelette. « Vous ne mangez pas de ce gâteau, vous dira-t-elle d'un air maternel ? Vous avez tort, il est excellent, n'est-ce pas, monsieur ? » Et votre voisin, que la bonne mademoiselle Julie ne connaît pas plus que vous, répond aussi gracieusement que le lui permet une énorme bouchée de masse-pain ou de gâteau à la crême.

Avec cela un service rapide ; des garçons qui se pressent sans courir et ne risquent pas par conséquent de renverser la sauce aux tomates sur le cou des belles voyageuses et d'étaler des pois verts au dos d'une redingote. Je vous le dis en vérité, excursionnistes mes frères, pour un bon hôtel, l'hôtel January est un bon hôtel, et je souhaite que vous en trouviez souvent de pareils sur votre route.

Cependant les bagages sont arrivés, on les charge sur les calèches, les omnibus, les diligences, suivant la destination de chacun. L'aspect que présente la rue à ce moment est des plus animés, car touristes, postillons et conducteurs vont et viennent avec rapidité. Les voyageurs à destination de Molitz, du Vernet, partent immédiatement. Profitant du temps qui nous reste avant le départ de la diligence de Mont-Louis, nous visitons la ville.

Prades, comme beaucoup de petites vil-

les, est formée en réalité de deux agglomé-
rations distinctes; la ville proprement
dite, dont les maisons sont groupées autour de l'église, et la route, où se trouvent
les hôtels, les cafés, et jusqu'à un café-
chantant. Beaucoup de voyageurs ne connaissent que cette dernière, assez insigni-
fiante d'ailleurs, et dont les bâtiments de
la sous-préfecture forment le plus bel ornement. La vieille ville n'a rien de bien
curieux non plus, l'église exceptée. Ce
sont de petites rues étroites, ce qui n'est
pas un mal dans un pays aussi chaud, qui
se croisent et s'enchevêtrent de façon à
donner un peu d'ombre; plus loin, chaque
maison est entourée d'un jardin, où brillent
les lauriers roses et quelques eucalyptus.
De ce côté, les habitations s'étendent sans
entrave, car la Tet est loin au nord.

L'église présente surtout à considérer
un très beau rétable en bois sculpté, fouillé
à la perfection, mais qu'un badigeon d'assez mauvais goût ne contribue pas le
moins du monde à mettre en valeur.

II

DE PRADES A MONT-LOUIS

Notre petite caravane s'est complétée
pendant le séjour à Prades ; M. Gaston
Gautier, de Narbonne, et M. l'abbé Mar-

çais sont venus se joindre, ainsi qu'il était convenu, à MM. Edouard Timbal-Lagrave et le docteur Jeanbernat, avec lesquels ils ont déjà fait bien des courses, tant en montagne qu'en plaine.

L'heure du départ arrivée, chacun prend place dans une bonne diligence, attelée de cinq chevaux vigoureux, et nous partons à une bonne allure. Mais bientôt cette belle vitesse s'amoindrit, car la route commence à monter et elle montera toujours désormais.

Prades, en effet, est à 345 mètres, Mont-Louis à 1,660 mètres au-dessus du niveau de la mer, soit 1,315 mètres à gravir. Ajoutons que la distance qui sépare les deux villes est de 34 kilomètres.

De beaux platanes jettent sur le chemin, d'un blanc crayeux, leur ombre épaisse; de chaque côté, l'eau des rigoles court avec rapidité. Au loin, les montagnes de la vallée de Molitz disparaissent sur la droite; nous avançons vers un ravin dont l'ouverture étroite semble une entrée de souterrain. La route s'engage dans la gorge et cotoie la Tet aux belles eaux vertes, qui déjà a toutes les allures d'un torrent de montagne avec son lit encombré de rochers.

Mais voici un village à l'aspect étrange; de hautes cheminées d'usine émergent de bouquets d'arbres.

C'est *Ria* et ses forges dont les ateliers occupent un grand espace. Dans les cours de l'usine, le minerai est entassé en énormes amas, et on aperçoit par les ouvertures des bâtiments tout l'attirail industriel. Le postillon fait claquer son long fouet en manière d'avertissement et nous passons au galop dans l'unique rue de Ria, sans déranger d'ailleurs beaucoup de monde car le village paraît désert.

Il n'en est pas de même à Villefranche-de-Conflent, où nous arrivons après trois quarts d'heure : une fois le pont-levis franchi, car Villefranche est place forte, la ville semble en liesse ; sur la porte de chaque maison, hommes et femmes, parés de leurs plus beaux habits, causent gaîment. Pendant que notre conducteur va à la poste, car la diligence fait le courrier, et que le postillon donne à boire à ses chevaux et arrose leur tête, il fait une chaleur torride, nous apprenons que c'est aujourd'hui la fête du village.

Villefranche est composé d'une seule rue, située sur la rive droite de la Tet, dans un point où la gorge, extrêmement rétrécie, est bornée de murailles à pic ; nous franchissons le torrent au pied d'un énorme promontoire rocheux qui ferme presque la vallée et porte à son sommet la citadelle de Villefranche. A gauche s'ouvre la vallée du Vernet et de Filliols, riche en minerais de fer.

La route, toujours en corniche sur la rivière et fort bien entreteuue, ne rencontra aucun village jusqu'à Cerdinya.

Enfin, nous arrivons à Olette, notre premier relai, gros bourg à l'aspect riche où viennent aboutir la route de Formiguières par Taillau et Railleu et celle de la Llagonne.

Pendant que l'on change les chevaux, chacun va se désaltérer. On voit sortir de la voiture tous les voyageurs, mais dans quel état, grands dieux ! Couverts de poussière et faits comme des voleurs, car nous voyageons au milieu d'un nuage de poussière ; mais il est temps de partir ; on reprend sa place et en avant.

La vallée, déjà très étroite, se rétrécit encore, et tout à coup, une véritable montagne semble barrer la route ; par deux ou trois lacets, assez brusques dans leur évolution et très roides, on arrive à un tunnel d'une centaine de mètres, sous lequel on franchit, aujourd'hui, l'obstacle. A la sortie, c'est un véritable chaos de rochers au milieu desquels la Tet s'est creusé un lit profond, les eaux bondissent de l'un à l'autre en mugissant; et pendant que nous contemplons ce paysage sauvage apparaît à notre gauche une grande et belle maison entourée d'ombrages : c'est l'établissement des bains d'Olette, situé sur l'autre rive de la Tet (1). En quelques tours de roue la

____

(1) Les deux gorges de Villefranche et d'Olette constituent des accidents de terrain extrêmement curieux, dont toutes les théories

diligence descend jusqu'au torrent qu'elle franchit, puis avant de poursuivre sa route en remontant la vallée, elle s'engage dans le petit chemin qui mène à l'établissement. Un voyageur descend, on défait la bâche pour retirer sa malle et on passe à une acorte servante un grand panier duquel nous voyons émerger force victuailles.

Tout guilleret, le nouvel arrivé s'éloigne, il paraît joyeux et satisfait ; pourtant on ne peut songer sans tristesse au peu d'agrément de ce séjour. Ici, en effet, pas de brillants plaisirs, comme on en trouve dans tant d'autres stations thermales, pas de musique, pas de bal, pas de

---

géologiques actuelles sont impuissantes à expliquer la formation. A propos de la dernière, qu'il me soit permis de signaler une petite mésaventure géographique arrivée à un très savant auteur que je ne nommerai pas. « Après une forte montée, dit M. X..., on entre dans un tunnel qui conduit dans une gorge étroite appelée *Puycerda*, où le torrent mugit à une grande profondeur. » Cette dénomination avait lieu de surprendre venant d'un auteur qui fait autorité ; je crus donc devoir en rechercher l'origine. Voici la cause de cette erreur, car s'en est une. La route qui fait communiquer l'Espagne avec la France par la vallée de la Tet, le col de la Perche et la Cerdagne est désignée sur la carte d'état-major par la mention suivante : « Route d'Espagne par Puycerda. » Or, le mot Puycerda se trouve tout justement au niveau du défilé d'Olette.

courses de montagnes, pas de village même, car Olette est à plusieurs kilomètres ; rien que l'établissement, qui est en même temps l'hôtel. La petite terrasse qui domine la Tet sert à la fois de promenade, de salon de conversation, etc. Il faut vraiment être bien malade pour venir s'enterrer dans cette gorge et s'astreindre à un traitement dont l'odorat le moins subtil peut discerner le caractère. Cependant les gens que nous voyons n'ont pas le moins du monde l'aspect étique de valétudinaires : ils sont gros et gras.

Mais le conducteur ne nous permet pas d'approfondir ce mystère. En route.

La diligence repart, atteint la route sur la rive droite de la Tet, franchit bientôt le torrent pour repasser sur la rive gauche et monter ferme jusqu'à Fontpédrouse, presque continuellement au pas. Des gamins, sortant de l'école, ce qu'indiquent suffisamment les livres qu'ils portent attachés par une ficelle, escortent la voiture ; ces enfants, dont l'aîné n'a pas douze ans, font deux fois par jour le voyage de Fontpédrouse à Thuès (5 kil.).

Le conducteur, interrogé à cet égard, nous donne sur le pays et son état moral de forts curieux renseignements. « A Fontpédrouse, nous dit-il, tout le monde est ou républicain ou *carliste*, et chaque parti est en guerre avec le parti adverse. A la moindre occasion, on joue du couteau absolument comme en Espagne. Aussi les

enfants des familles rivales ne se mêlent-
ils pas à l'école de Fontpédrouse ; on les
envoie à Thuès. »

Nous arrivons enfin à Fontpédrouse,
qui, n'étaient les renseignements précédents, ne nous paraîtrait pas se distinguer beaucoup des villages voisins. Ici se
trouve le second et dernier relai. On descend encore plus poussiéreux que jamais,
cela va sans dire, et une bonne vieille
femme tenant une auberge nous donne,
pour la modique somme de un franc, une
bouteille d'un vin blanc exquis, lequel ne
doit guère avoir payé de droits à la frontière. Nous régalons conducteurs et postillons, puis en route, cette fois, pour
Mont-Louis.

En passant à côté de l'église, située dans
la partie basse du village, le conducteur
nous fait remarquer une des originalités
du lieu. On voit, en effet, une corde, qui,
partant du clocher, se rend dans une maison voisine, et l'explication de ce singulier phénomène nous est donnée aussitôt.
Le curé, ayant eu maille à partir avec son
carillonneur, a tout simplement flanqué à
la porte ce fonctionnaire subalterne mais
nécessaire ; puis, afin sans doute de s'éviter le retour de pareils désagréments, le
pasteur a eu l'idée de tendre une corde de
la cloche à sa propre chambre ; sans se déranger, il sonne depuis lors l'angélus, la
messe et tous les offices. On a ri beaucoup,
tout d'abord, de cette fantaisie, et tout le

village pensait que la sonnerie à la corde ne serait que provisoire; mais point : le curé a laissé rire, et, satisfait sans doute des services qu'il se rend à lui-même par ce moyen, il se conserve comme carillonnéur en titre. Maintenant, est-il bien sûr que la bonne du curé ne carillonne pas, elle aussi, de temps à autre? Telle est la question que se posent les habitants.

Depuis quelques instants, une fraîcheur particulière a remplacé la chaleur étouffante qui avait forcé les voyageurs à abandonner leurs pardessus et à s'alléger. Est-ce l'effet de l'heure qui se fait tardive ou de l'altitude, peu importe ; mais chacun reprend en hâte ses vêtements supplémentaires. Nous sommes à 960 mètres au-dessus du niveau de la mer, et il faut atteindre Mont-Louis, qui est à 1,660.

A partir de Fontpédrouse, la route monte par de raides lacets qui se surplomblent, décrivent les courbes les plus imprévues et franchissent sur des ponts les lits de torrents aujourd'hui à sec, mais qui, au moment de la fonte des neiges, doivent être très redoutables, si l'on en juge par les précautions prises à leur égard. Cette route a été construite sous le règne du roi Louis-Philippe, et c'est merveille de voir avec quel art les ingénieurs des ponts et chaussées ont su profiter des moindres accidents de terrain. Vis-à-vis de nous, sur l'autre rive de la Tet, qui mugit en contre-bas à une grande profondeur, on voit un sentier de piétons si escarpé, qu'il semble impossible de s'y tenir debout. Ce chemin est pourtant très fréquenté par les habitants de Saint-Thomas, petit village situé au confluent des vallées de la Tet et du torrent de Prats-de-Valaguer.

A un tournant apparaissent Mont-Louis et ses fortifications ; la route suit encore pendant quelques centaines de mètres la rive gauche de la Tet, traverse le village de Fetges, puis, par un pont très élevé, elle franchit la rivière, longe les fronts nord et est de la place et traverse les fortifications sur un pont-levis précédé d'une poterne. Nous sommes bientôt arrivés, car la ville, peu étendue, est formée par une rue très large, si escarpée, qu'il semble impossible de faire monter la diligence à cette échelle. Elle monte pourtant pendant quelque temps, puis tourne à droite, le long de la place et de l'église, pour s'arrêter enfin devant l'hôtel Jambon.

Il est 7 heures et demie. Bien qu'un peu fatigués par les cahots, nous profitons des quelques instants de jour qui restent pour examiner la ville et ses environs. Du haut des glacis de la citadelle, nous pouvons voir tout le pays, que les ombres du soir commencent à envahir, mais dont cependant, grâce à la transparence de l'air, on peut facilement noter tous les détails.

L'enceinte fortifiée a la forme d'un vaste parallélogramme, dont la grande dimension est orientée du Nord-Ouest au Sud-Est, parallèlement au lit de la Tet ; toutes les faces de la place sont admirablement fortifiées (système Vauban) et de certains côtés surtout vraiment impossibles à aborder.

Au nord s'élèvent une série de monticules, de croupes, d'origine morainique, qui ferment l'horizon, très peu étendu de ce côté, et sur lesquelles serpente la route du Capsir par la Llagonne.

Au nord-ouest, on voit la vallée de la Tet encombrée de rochers ; elle semble fermée au loin par l'énorme masse d'une montagne couverte de neige, c'est le Carlitte (2921) très imposant malgré la distance, et très beau en ce moment avec les singuliers effets de lumière que produit le crépuscule.

Au sud-ouest, s'étend un vaste plateau bien cultivé, dont la situation a plus de 1,600 mètres d'altitude surprend tout d'abord, que termine le col de la Perche.

Tout au loin, dans cette direction, on voit les montagnes de la Cerdagne espagnole dessiner sur le ciel leurs cimes capricieusement dentelées.

Au sud, formant la limite du plateau, se dresse le Cambre-d'Age (2,750 mètres), dont les flancs sont couverts d'une belle forêt de pins qui s'arrête à la hauteur de 2,500 mètres (Martins) ; plus à l'est s'élève une montagne au profil singulier : c'est le pic de Galinas (2,624 mètres).

Le pays tout autour de Mont-Louis est

bien cultivé ; on y voit surtout des champs de seigle, de pommes de terre, et de vastes prairies très bien arrosées. Les arbres sont le frêne, le peuplier noir, le tremble, le lilas et le sorbier des oiseleurs.

L'altitude (1) jointe à la rigueur du climat explique bien la végétation particulière du pays. Suivant les recherches du professeur Martins, Mont-Louis a un climat analogue à celui du nord de l'Allemagne et du midi de la Suède.

Le même auteur, parlant de l'hôtel Jambon, fait de cet établissement l'éloge que voici : « Auberge dans le vieux style, simple, propre, avec une hôtesse avenante, de bons lits, des prix raisonnables, une broche dans la cuisine, du lait délicieux,

---

(1) Mont-Louis (1,660 mètres) est en somme une des villes les plus élevées de France. Voici d'ailleurs, au sujet de l'altitude de quelques localités, les chiffres que donnent les publications les plus récentes :

Les bains du Mont-Dore	1.040	mèt.
Prieuré de Chamounix (Savoie)	1.052	—
Barcelonnette	1.133	—
Bains de Baréges	1.250	—
Briançon	1.322	—
La Grande-Chartreuse	1.406	—
Village de Bonneval (Maurienne)	1.793	—
Village de Maurin (B.-Alpes)	1.902	—
Village de St-Véran (H.-Alpes)	2.009	—
Bourg de Genèvre	2.074	—
Le fort de l'Infernet	2.400	—

des pommes de terre excellentes, et, en automne, du gibier en abondance. » Venant du célèbre voyageur qui a parcouru le monde du *Spitzberg au Sahara*, ces quelques lignes ont une haute valeur.

Notre séjour nous permit de constater la parfaite exactitude de cet éloge.

III

DE MONT-LOUIS A FORMIGUIÈRES PAR LA SOURCE DE L'AUDE

Le lendemain, à cinq heures, tout le monde était sur pied. Après avoir pris toutes nos dispositions et un bon déjeuner, nous quittons l'hôtel Jambon, en disant au revoir à la bonne hôtesse, qui a voulu présider elle-même aux derniers préparatifs et veiller sur nos malles, qu'un voiturier doit emporter jusqu'à Formiguières.

Notre petite caravane remonte la grande rue et traverse la citadelle, dont la garde nous regarde passer avec curiosité (on verra plus tard que notre présence avait plus vivement ému certaines autorités); nous nous engageons sur le chemin qui sort de Mont-Louis par la porte dite de secours et remonte la Tet en traversant une moraine importante, puis un pont sur le torrent. Ici notre petite troupe se divise. La majeure partie des excursionnistes doit

suivre la route qui traverse tout le Capsir , de la Llagonne à Puy-Valador , et
explorer les prairies situées à l'est. Quant
à nous, faisant un grand détour vers
l'ouest, nous allons passer par l'étang
d'Aude pour redescendre ensuite à Formiguières.

Le chemin se sépare de la route à la sortie du pont, suit pendant quelque temps la
rivière et s'engage plus loin dans de jeunes
plantations de pins fort bien venues dans
un terrain excellent ; la redoute Dagobert,
qui fait partie des défenses de Mont-Louis,
est située au sommet du mamelon dont
nous longeons la base. Vient ensuite un
long plateau déboisé terminé par une butte :
c'est le polygone de la garnison.

Laissant la route à gauche, nous allons
nous engager dans la forêt. Mais auparavant, notons l'aspect général du pays.

La Tet coule à peu de distance, derrière
une forêt qui empêche de voir son lit, dont
on devine la présence au sourd mugissement que font entendre les eaux. Plus
loin, la vallée est limitée par le pla de
Barrès et le roc de Font-Romeu (1958).
Tout au fond, le Carlitte (2921) élève ses
cimes couvertes de neige (1). A droite, le

---

(1) D'après ce que nous avons déjà dit, on sait
que le Carlitte a un rôle capital dans la disposition de la partie orientale de la chaîne des
Pyrénées. Il donne attache, en effet, à la chaîne

roc d'Aude (2377) et le pic d'Aude (2328), se présentent de face ; mais les cimes seules sont visibles, un chaînon couvert de forêts, celui-là même qui sépare la vallée de la Tet de celle de l'Aude, et que nous devons franchir, masque la partie inférieure.

Le paysage a un certain cachet de grandeur à cause des cîmes élevées qui hérissent l'horizon, mais la vallée de la Tet est modérément large et les forêts qui la couvrent sont formées d'arbres de petite taille, ce qui diminue peut-être un peu la beauté du site. Autre remarque, toute accidentelle celle-là ; le ciel est légèrement

---

de partage des eaux de la France et de l'Europe, et forme la limite des Pyrénées centrales et orientales.

De ses flancs ou de sa base s'échappent de nombreux cours d'eau et on pourrait dire de lui ce que Schiller disait de la Jungfrau : « Quatre » fleuves, dont la source est à jamais cachée, se » précipitent dans la plaine. Ils coulent vers les » quatre régions du monde, le couchant et le » nord, le midi et le levant. A peine les eaux » bruyantes sont-elles sorties des flancs de leur » mère qu'elles s'enfuient au loin et disparais- » sent dans le vaste Océan. »

Quatre rivières importantes prennent leur source au Carlitte et s'élancent chacune vers l'un des points cardinaux. Ce sont : l'Aude, qui se dirige vers le nord ; la Tet vers l'est ; la Sègre vers le sud ; l'Ariége vers l'ouest.

blafard vers l'ouest, quelques nuages courent sur les flancs du Carlitte. La direction du vent, très léger d'ailleurs, ne nous présage rien de bon.

Pour entrer sous la forêt, il faut d'abord traverser la lisière fort garnie de broussailles et de ronces, puis nous suivons, pendant un bon bout de temps, un sentier qui s'élève lentement sur le flanc de la montagne, décrit quelques courbes capricieuses, monte un instant très dur pour s'étendre ensuite en plateau, le tout sans le moindre agrément. Il convient d'ajouter que la chaleur est lourde sous ces arbres assez peu élevés, mais très serrés, qui masquent complètement la vue de la vallée de la Tet et permettent à peine d'apercevoir par instant les hautes cimes.

Décidément, cette forêt est ennuyeuse, et nous nous demandons si c'est bien là le bon chemin. Après quelques instants d'incertitude, nous coupons un peu la route suivie jusqu'ici pour nous diriger, à travers bois, vers la gauche. Bientôt un chemin plus large, avec des empreintes récentes de roues, indique que nous sommes dans la bonne voie, et les conducteurs de trois attelages de bœufs, que nous rencontrons bientôt, confirment cette excellente nouvelle. Ils l'accompagnent des conseils suivants : « Suivez toujours le chemin et dans les éclaircies montez tout droit. » Pour comprendre l'importance de cette dernière remarque, une explication est nécessaire. Sous bois, le chemin apparaît très visible, large et nullement encombré d'herbe, mais, dans les clairières, il disparaît brusquement, envahi par le gazon ; comme quelques-uns de ces espaces vides d'arbres ont une grande étendue, l'embarras du touriste pourrait devenir extrême. Grâce à l'indication des charretiers, cette difficulté n'existe plus.

Depuis quelques instants, le ciel s'est couvert, et, comme nous traversons justement une clairière, un petit nuage crève bêtement sur nos têtes. Il faut chercher un refuge sous les arbres. Mais ils sont si maigres que leur insuffisance comme parapluie se ferait bientôt sentir ; fort heureusement pour votre serviteur, son compagnon porte toujours un rifflard. Sous cet abri recommence notre longue discussion sur l'utilité du parapluie dans les montagnes.

Comme tout ce qui touche à la question du vêtement en fait de courses de montagne, le parapluie prête à la controverse. L'utilité d'un engin quelconque pour se préserver de l'eau du ciel n'est pas douteuse, car quelque temps qu'il fasse au départ, on n'a jamais la certitude de ne pas attraper, chemin faisant, une de ces bonnes ondées de montagne qui vous inondent en un rien de temps. Mais voilà ; le parapluie, qui couvre la tête et les épaules, laisse sans défense la partie basse de votre *inexpressible*, en sorte que, bien sec du haut du corps, vous êtes sous votre parapluie trempé comme une soupe par le bas, côté pile ou côté face suivant la direction du vent. Parfois même, la pluie tombe avec une telle force qu'elle tamise à travers votre engin protecteur, et cette bruine désagréable inonde bientôt toute votre personne.

Telles sont les raisons que je développe dans des conditions sensiblement défavorables, il faut le reconnaître, puisque je m'abrite sous ce parapluie, dont je critique l'usage, et que, d'autre part, je suis absolument dépourvu du manteau en caoutchouc dont je prône la supériorité. Muni d'un de ces vêtements, que l'on fait aujourd'hui d'un tissu très léger, et chaussé de bottes montant jusqu'aux genoux ou de bonnes guêtres (cuir, toile forte), le piéton réduit, je crois, au minimum les inconvénients de la pluie dans les montagnes.

Pendant que la discussion se poursuit, l'abat d'eau cesse et nous reprenons notre marche. Elle est toujours peu agréable, car depuis deux heures au moins nous n'avons vu que ce satané *pinnus uncinata* à l'aspect désagréable. Cependant le grondement de la Tet ne se fait plus entendre depuis quelque temps déjà, et le silence le plus complet règne sous bois. A un moment, il est brusquement troublé par le vol d'un oiseau de grande taille, un coq de bruyère probablement, qui s'élève en battant lourdement l'air de ses ailes et disparaît bientôt.

Nous montons toujours, et pas une source où se désaltérer. Faute de mieux, il faut se contenter d'une eau légèrement saumâtre qui court dans une mouillère et que l'addition d'un peu de rhum rend à peine buvable ; puis de rechef en route. Cependant le roc d'Aude devient de plus en plus visible, on distingue mieux les flaques de neige qui le tapissent. Enfin, un sourd mugissement continue se fait entendre à notre droite et indique la présence de l'Aude. Nous approchons. La forêt s'éclaircit de plus en plus; plus loin, elle n'est plus formée que par quelques bouquets d'arbres épars et disparaît complètement un peu plus loin. Elle est remplacée par une prairie dont l'herbe courte et serrée couvre une croupe assez raide, derrière laquelle se trouve sans doute le lac.

Mais à cette croupe en succède une autre, puis une troisième et ainsi de suite pendant une bonne heure. A l'agrément que présente cette série de monticules joignez celui d'un soleil torride et vous aurez une idée des délices de cette ascension. Tout près de nous un énorme escarpement se dresse au-dessus de la vallée de la Tet, c'est le *roc del Fallip*. Si la carte d'état-major dit vrai, le lac doit être de l'autre côté ; allons, sur la foi de l'état-major, un dernier coup de collier et nous serons au but.

En effet, voilà le lac (2147). Les eaux d'un beau bleu noir dorment dans leur enceinte de rochers, dominées par le roc d'Aude (2377) et le pic d'Aude (2328), qui s'élèvent brusquement au nord et dont les flaques de neige semblent seules alimenter le bassin. Sur le point où nous sommes, le roc del Fallip fait face aux deux montagnes et sépare la vallée d'Aude de celle de la Tet. Un chaînon qui réunit les deux rives forme barrière à l'ouest, tandis que vers l'est les limites de l'enceinte s'abaissent pour donner passage aux eaux sorties du lac.

Màlgré la hauteur des cimes, l'ensemble du paysage manque de grandeur, car le lac est petit, il n'a guère que cet intérêt, assez difficile à expliquer, qui s'attache aux sources des fleuves, même de petite dimension, comme l'Aude.

Ces observations faites, nous nous mettons en quête d'une source auprès de laquelle on puisse déjeuner. Il faut remonter la rive sud du lac jusqu'à l'extrêmité ouest ; mais là nous cherchons en vain un emplacement qui ne soit pas orné de nombreuses fourmis ; il y en a partout et sans nous préoccuper davantage des insectes, nous nous asseyons près de la source. Les provisions ne nécessitent pas de grands préparatifs: Thon mariné (voilà un poisson qui à fait du chemin), saucisson, fromage et chocolat, tel est le menu, complété par le petit vin de l'hôtel Jambon et par l'eau fraîche de la source. Depuis un moment, un bruit particulier trouble le silence du lieu, ce sont les clochettes d'un troupeau ; le bruit se rapproche et nous voyons une vache déboucher près du déversoir sur la rive nord du lac, bientôt une seconde apparaît, puis une troisième et pendant une bonne demi-heure il en arrive toujours ; quelques-unes sont accompagnées de leur rejeton. Elles suivent la rive du lac, passent tout près de nous et montent à gauche l'escarpement qui ferme le lac de ce côté. Notre présence n'a pas l'air de les surprendre, seuls les petits taureaux nous regardent un instant, dressent l'oreille et, satisfaits sans doute de leur examen. partent en gambadant comme pour témoigner de leur indifférence.

Ce qui les intéresse bien davantage. car l'herbe paraît rare et courte. c'est une touffe de *Glyceria fluitans* qui émerge des eaux du lac à quelques mètres de la rive. Mais voilà ; la berge descend rapidement : aussi bon nombre des nouveaux arrivants doivent-ils se contenter de la vue. Le manège de ces animaux est vraiment curieux ; le premier avance la tête, puis met les pattes de devant dans l'eau, avance un peu, essaye d'approcher davantage, puis, perdant pied, se retourne brusquement et rejoint la terre ferme par un ébrouement qui asperge les voisins ; un de ceux-ci lui succède sans résultat meilleur ; plus heureuse, une vache tond quelques brindilles de la touffe tant convoitée. Décidément, cela l'a mise en goût ; elle avance un peu, mais le sol manque sous ses pieds ; elle recule aussitôt, bousculant sur son passage la troupe des nouveaux arrivants, puis rejoint la colonne qui monte la pente en une file continue. Bien des fois nous voyons se renouveler la même tentative, mais là comme ailleurs il y a beaucoup d'appelés et un petit nombre d'élus, et, somme toute, la touffe reste sans grandes avaries.

Notre déjeuner fini, nous nous étendons un instant à l'ombre ; il est midi, et trois bonnes heures de marche sans arrêt séparent l'étang d'Aude de Formiguières ; aussi le repos est-il de courte durée. En quelques instants nous atteignons le déversoir du lac, formé d'une série de petits ruisseaux qui s'entrecroisent en sens divers pour se réunir, là où la pente devient plus forte, en un minuscule torrent, lequel représente la naissance de l'Aude.

Une série de plateaux étagés, couverts d'un gazon assez maigre et de mouillères tourbeuses, sont successivement franchis, puis une crête se dresse plus raide que les autres, et nous apercevons trois chaînons parallèles couverts de pins, et plus loin une plaine aux tons vert tendre fermée par une série de pics élevés : c'est le plateau du Capsir.

Une descente rapide nous conduit près d'une cabane et d'un ancien parc qui a dû être longtemps habité, à en juger par les tas de fumier qui s'élèvent sur sa surface. Obliquant un peu sur la gauche, nous nous engageons dans la forêt, sous laquelle serpente un large sentier de charrette que nous suivrons jusqu'à la plaine. Ce sentier est vraiment peu praticable ; il tourne si brusquement à droite et à gauche, descend presque verticalement des pentes si hérissées de mille morceaux de rochers, en un mot présente si bien tous les agréments d'un sentier de montagne qu'il semble impossible d'y faire passer un attelage quelconque ; pourtant des traces de roues se voient manifestement dans certains points, et témoignent de son usage.

Nous descendons longtemps ainsi, puis une éclaircie se fait, et le Capsir apparaît dans toute la splendeur de ses riantes cultures. Tranchant sur le ton vert des prairies, la forêt de la Matte dessine une longue ligne d'un noir sombre, semblable à une tache d'encre sur une étoffe claire.

A notre gauche, se trouve le village des Anglès, bâti sur un monticule qui masque la chaîne limitant le plateau à l'ouest.

Par contre, nous voyons très distinctement les montagnes qui bornent le Capsir à l'est. Elles se développent en une ligne continue hérisée de pitons séparés par des cols. Ce sont : du sud au nord, le pic de Casteillon (2045) ; le col de Douradou (1948) ; le pic de Capuxet (2025) ; le col de

Tourn (1902) ; le pic du Bastard (2095), auquel fait suite une longue arête qui se termine au col de Creu (1712), par où passe la route, encore inachevée, qui va du Capsir à Olette par Railleu et Talau ; puis, le pic des Agreillous (1934) ; le col de Sauza (1791 ; enfin, le pic de l'Esquine-d'Aze (2010) que domine le sombre massif de Madres (2471).

Après avoir noté les détails du paysage, nous nous remettons en marche.

D'innombrables rigoles d'irrigation descendent, ici, de la montagne et inondent les prairies dans lesquelles on enfonce jusqu'à la cheville. Il faut revenir au chemin qui, s'il n'est pas toujours très sec, présente au moins un sol plus stable. Un certain nombre de ces prairies sont fauchées et l'on charge sur de grandes charrettes la provision de foin destinée à alimenter pendant l'hiver toutes les bêtes, aujourd'hui sur la montagne. De tous côtés on entend chanter les cailles ; elles viennent jusqu'au bord du chemin faire entendre leur cri caractéristique.

Arrivé au village d'Anglès, nous nous mettons à la recherche d'un café, mais, voyez notre embarras, il y en a trois dans ce hameau ; on nous indique le plus convenable ce qui nous permet de porter un jugement peu favorable sur les deux autres. Jugez-en : le rez-de-chaussée est une écurie ; au premier, se trouve une salle qui sert à la fois de café, de cuisine et de

chambre à coucher; mais à la guerre comme
à la guerre. Dans un local pareil, on ne saurait s'attendre à trouver des consomma-
tions bien variées : de la bière, du vin et
du café. Sans un instant d'hésitation, nous
optons pour ce dernier, et on nous sert
bientôt un liquide brunâtre qui ressemble de bien loin au breuvage cher à Vol-
taire et aux habitués de Tortoni. Nous lui
faisons pourtant bon accueil, et après avoir
causé quelques instants avec le maître
de céans, vieux paysan qui connaît assez
bien seulement le pays, nous nous remettons en route.

Le chemin passe à quelque distance de
grands escarpements, couverts de pins,
qui s'élèvent à 300 mètres environ. Leur
sombre aspect est encore augmenté par la
présence de quelques nuages de mauvais
augure. Le tonnerre ne tarde pas à se faire
entendre, et presque aussitôt tombent de
grosses gouttes de pluie qui soulèvent sur
la route de petits nuages de poussière ;
mais l'averse devient un déluge, et force
nous est de faire halte. Le parapluie (déjà
nommé) reçoit sous son dôme protecteur
deux excursionnistes très ennuyés de
n'avoir pu atteindre la forêt de la Matte
qui les eût mieux protégés. Enfin l'orage
cesse et nous reprenons notre marche pendant que le tonnerre fait rage encore sur
les montagnes à l'est du Capsir qui disparaissent sous la brume de la pluie.

La forêt de la Matte, que nous attei-

gnons bientôt, est formée de grands et
beaux arbres ; les routes qui la traversent
sont bien entretenues. Est-ce pour cela
que de tout temps elle a excité la manie
de destruction des montagnards voisins
pour les grands bois bien gardés par l'Etat ?
A chaque révolution, même la plus pacifi-
que, les paysans du Capsir s'arment de
haches et, suivis de toute leur famille, ils
se dirigent vers la forêt dans l'intention
de l'abattre. Mais ceci n'est malheureusement que trop fréquent dans toutes les
Pyrénées.

Partout on retrouve cette rage aveugle
qui porte le protégé à s'attaquer à sa protection, mais pour lui il voit les choses
tout autrement. Ce grand espace couvert
d'arbres ne pourrait-il pas être plus utile-
ment employé en culture, se demande-t-il,
et puis ces arbres ne sont-ils pas gardés
avec un soin jaloux par les forestiers qui
défendent non seulement d'y toucher, mais
même de mener paître les vaches sous ces
ombrages. Evidemment, la forêt c'est l'ennemi ! Aussi dès qu'un changement de
gouvernement a lieu, le paysan se dit que
le moment est venu et gare à la forêt si
les autorités n'y prennent garde.

Au 4 septembre 1870, la Matte courut
un danger de cette sorte. Déjà les coups
de hache entamaient sur plusieurs points
ces beaux arbres quand arrivèrent quelques compagnies d'infanterie envoyées de
Mont-Louis. Devant les baïonnettes, il

fallut bien remettre à un autre jour la petite fête, et sans doute les paysans du Capsir attendent avec impatience qu'une nouvelle révolution leur fournisse l'occasion de reprendre leurs attaques. Espérons que leur attente sera longue et que vint-elle même à prendre fin, la vigilance des autorités saurait préserver de la destruction ces magnifiques plantations d'une utilité si incontestable. (1)

Peut-être la protection de la forêt de la

---

(1) Il est vraiment lamentable de constater le peu de progrès que font les idées justes en matière de sylviculture parmi les populations de la montagne. Non-seulement le paysan continue à avoir la haine la plus profonde pour la forêt, haine doublée d'ailleurs d'un sentiment de cupidité, mais encore ceux qui devraient prendre à tâche de réformer les erreurs populaires sur ce point s'abandonnent au courant et encouragent même les ennemis des forêts.

Nous n'en citerons qu'un seul exemple. Au mois d'avril dernier, le Conseil général des Pyrénées-Orientales fut saisi d'une demande de défrichement de la forêt de la Matte. Que croyez-vous que fit le petit parlement de Perpignan ? Il appuya purement et simplement la demande qui émanait du Conseil municipal des Anglès et la renvoya au ministre compétent.

Il y a tout lieu d'espérer que le gouvernement ne tiendra aucun compte de ce vote, mais n'est-ce pas là un indice significatif, et comment veut-on après cela que le paysan renonce à ses stupides préventions ?

Matte n'a-t-elle pas été étrangère à l'établissement de la ligne télégraphique qui
joint Formiguières à Mont-Louis et dont
nous apercevons les poteaux alignés le
long de la route. Formiguières, en effet,
bien que le plus gros village du Capsir, est
un fort petit endroit, et les relations com-
merciales, vraisemblablement fort restreintes, n'exigent pas le secours des voies
rapides de communication.

Au moment où le chemin d'Anglès rejoint la grande route, le village, but de notre course, apparaît ; il semble formé d'un
petit nombre de maisons, mais un pli de
terrain nous cache la plus importante partie du bourg auquel nous arrivons bientôt, d'ailleurs, un peu fatigués assurément,
mais fort satisfaits de tout ce que nous
avons vu.

Notre entrée à l'auberge Merlat ne fut
pas le moins du monde une surprise, car
une lettre nous avait annoncés. Nos compagnons, chargés d'explorer la partie
basse du Capsir, n'étaient pas encore arrivés ; ils nous rejoignirent bientôt et l'on
se mit à table, tout en devisant sur les
incidents de la journée.

Le plus curieux est assurément celui
dont il nous reste à faire le récit :

Comme nos compagnons, après avoir dépassé le village de la Llagonne, allaient
s'engager dans les prairies, ils virent un
gendarme arriver vers eux à franc-étrier,
puis ralentir l'allure et s'arrêter. Interpel-

lant alors l'aîné de la petite troupe, le re-
présentant de la loi s'informa de ses
intentions, non sans lui demander ses pa-
piers. Les premières réponses, peu satis-
faisantes sans doute, ne paraissaient pas
très bien comprises par le gendarme.
Voyager ainsi à pied, pour ramasser des
plantes, dans un pays perdu, ça n'était pas
clair pour notre *Pandore* ; mais, à bout
d'arguments, les voyageurs déclarèrent
qu'ils avaient couché à l'hôtel Jambon et
se rendaient chez M. Merlat, à Formiguières. Le gendarme, satisfait, tourna bride
pour regagner Mont-Louis, après un : « Ça
suffit » tout à fait rassurant. Etait-il pourtant bien tranquillisé sur l'usage des singuliers engins, grandes boîtes en fer
blanc, cartons à sécher les plantes, pio-
ches et marteaux dont les voyageurs
étaient porteurs ? Nous n'en jurerions pas.
Mais, comme on le voit, l'attention toujours en éveil des autorités garde soigneu-
sement notre frontière et les environs
des places fortes.

Après un diner copieux et quelques
soins donnés aux plantes récoltées dans la
journée, chacun gagnait son lit pour y
goûter un repos bien mérité.

IV

LA LLADURE ET LE RUISSEAU DE BALSERRE

Le petit orage qui a éclaté au moment
du coucher du soleil a eu une suite dans

la nuit. Le tonnerre s'est fait entendre à diverses reprises et une pluie diluvienne est tombée pendant assez longtemps. Aussi le lendemain, au réveil, nous constatons avec douleur que le Capsir disparaît sous un épais brouillard, phénomène assez rare en d'autres lieux en plein mois de juillet. N'allez pas croire que ce fut une brume légère effaçant les contours des montagnes ; non, c'était bien un vrai brouillard d'hiver, très humide, enveloppant maisons, bêtes et gens, et empêchant d'y voir à trois pas devant soi.

Jusqu'à une heure avancée, le brouillard se maintint, puis vers dix heures, il s'éleva un peu, dégageant la base des montagnes et formant au-dessus de nos têtes une sorte de plafond cotonneux.

Cette modification favorable d'une situation assez ennuyeuse permit aux voyageurs de faire plus ample connaissance avec le village de Formiguières, choisi comme quartier-général de nos excursions.

La visite des curiosités du lieu fut vite faite, car la ville ne présente rien de bien intéressant excepté l'église, une des plus anciennes du Capsir, assure le *Guide Joanne.* Le même ouvrage affirme que le roi don Sanche d'Aragon avait fait de Formiguières son séjour de prédilection ; il est malaisé d'expliquer cette préférence, à moins que le roi ne fût un alpiniste, avant la lettre, ou un chasseur émérite appréciant à leur valeur les avantages que le voisinage de cette plaine du Capsir et des hauts sommets devait présenter au gibier.

Le village de Formiguières est un amoncellement de maisons séparées par des rues capricieusement dessinées sur les rives de la Lladure.

L'unique vestige d'industrie que l'on y rencontre est une scierie mise en mouvement par les eaux du torrent, lesquelles pourraient actionner bien d'autres engins que cette roue de construction primitive, seul moteur du pays.

Chemin faisant, nous rencontrons bon nombre de paysans vêtus de leurs plus beaux habits (car c'était un dimanche), ce qui ne veut pas dire que leur luxe à cet égard se fît bien remarquer.

Le pays est pauvre, en effet, très pauvre même, bien que les pâturages soient abondants, tant dans la plaine que sur la montagne. Le long hiver qui règne, du mois de novembre à la fin de mai, dans ces parages, ne permet pas de faire, ici, des travaux agricoles bien rémunérateurs, et l'absence de toute initiative chez les paysans les empêche d'utiliser leurs bras pendant toute la saison rigoureuse.

A l'approche de l'hiver, les uns émigrent vers les régions moins inhospitalières, pour se mettre en service à Mont-Louis, à Olette, à Perpignan ; les autres restent au pays, et groupés autour du foyer qu'alimentent des branches de pins, ils passent tristement de longs mois à attendre avec impatience le moment où le soleil du printemps aura fondu le manteau de neige qui recouvre le pays tout entier et interrompt non-seulement les communications du Capsir avec les vallées voisines, mais même celles des divers villages entre eux.

Cette année l'attente a été plus longue qu'à l'ordinaire, car à la fin du mois de mai une abondante chute de neige a prolongé d'un bon mois la captivité des habitants du Capsir. Aussi l'inquiétude était-elle grande ; les troupeaux, en effet, sont la seule richesse du pays ; or, les moutons et les vaches, enfermés pendant l'hiver dans les étables d'où il leur est impossible de sortir, avaient épuisé toute la provision de fourrage récoltée pendant l'été précédent, et il fallait attendre que l'herbe eût poussé sur la montagne.

Mais le soleil et les chaudes journées sont enfin venus et chacun s'est mis en hâte au travail pour rattraper le temps perdu.

Aujourd'hui, toute la plaine du Capsir est couverte d'une herbe haute et grasse, que l'on se hâte de couper afin qu'elle ait le temps de sécher avant le retour des mauvais jours ; puis, on l'enfermera dans les granges, et, pendant le reste de l'été, vaches et moutons viendront pâturer dans la plaine.

Ajoutons, pour compléter le tableau de l'agriculture dans le pays, que de ci, de là, on aperçoit quelques champs de seigle et de pommes de terre, mais ils sont rares et généralement rélégués sur les pentes inférieures de la montagne.

Vers midi, le soleil lutte victorieusement contre le brouillard, quelques pâles rayons percent les nuages ; il n'en faut pas davantage pour nous arracher aux médiocres séductions du lieu où nous commencions à craindre d'être obligés de passer la journée. En route donc pour le lac de Balserre.

La vallée de Balserre est la plus éloignée des trois vallées qui déversent leurs eaux dans la Lladure. Le vaste bassin d'alimentation de cette rivière a la forme d'un carré de 10 kilomètres environ de côté, limité au sud par le roc d'Aude et le pic d'Aude ; à l'est, par un chaînon détaché des montagnes précédentes, lequel, marche d'abord de l'ouest à l'est, s'infléchit ensuite au niveau des Anglès pour se diriger du sud au nord et s'arrêter tout près de Formiguières ; au nord, par les Pinatouses qui forment la limite sud de la vallée de Galba ; à l'ouest, enfin, par la chaîne très élevée, rattachée au pic de Carlitte, que forment le Puy de Prignes, les pics de Camporeilles, de Mortes, de Moustier et de Terrès.

Ce grand bassin est divisé à son tour en deux vallées par la saillie d'un massif de

4

montagnes rattaché au Puy de Prignes et formé par le pic de la Palme (2474 m.), et le roc des Izarts. Au nord se trouve la haute vallée de la Lladure ; elle a la forme générale d'un S majuscule dont l'une des extrémités confine au plateau de Camporeilles, tandis que l'autre atteint le village de Formiguières après avoir reçu sur la rive gauche, tout près de ce dernier village, un petit torrent venant de la vallée limitée par la montagne du Bac de las Planes au sud, par les Pinatouses au nord.

Au sud du pic de la Palme, entre cette montagne et le roc d'Aude, s'étend l'étroite vallée de Balserre avec les deux lacs de la Balmette et de Balserre. C'est à ce dernier que nous allons rendre visite.

Nous sortons de Formiguières par le pont, et, laissant à gauche la route des Anglès, nous suivons un chemin qui monte à travers les croupes morainiques et longe la Lladure à quelque distance de la rive droite.

Bientôt le village disparaît derrière ces monticules : tout autour de nous, de l'un et de l'autre côté du torrent, le terrain présente le même aspect signalé tout à l'heure. Ici, en effet, ont dû se joindre les moraines des glaciers occupant les trois vallées, comme aujourd'hui nous voyons les eaux de tout le bassin se creuser un passage à travers les matériaux de transport, restes de cette phase de l'époque glaciaire.

Le chemin suit la lisière d'une forêt de
pins assez maigres qui couvre les flancs de
la montagne et descend jusqu'au thalweg
de la vallée, laquelle s'élargit bientôt sous
forme d'une prairie.

Une rigole d'irrigation très large serpente sous les premiers arbres de la forêt;
l'eau qui s'en échappe transforme le
terrain avoisinant en une tourbière fort
désagréable. Plus près du torrent s'élève
une maison qui a été, paraît-il, une forge,
mais aujourd'hui, fort déchue de son an-
cienne splendeur, ce n'est plus qu'une
ferme, moins que cela même, une grange
où s'abrite un troupeau dans les mauvais
jours.

Tout en face s'ouvre la vallée de la Lladure.

Nous franchissons un petit tertre, sur
lequel la forêt pousse une pointe avancée,
et débouchons bientôt sur un large espace
de terrain semblable au lit d'un lac, mais
d'un lac comblé. Tout près de nous, le chemin traverse le torrent sur un pont et se
dirige vers la rive ouest de la vallée en
passant au pied d'un édifice en ruines dont
la partie tournée de notre côté semble
une façade d'église, mais d'église minuscule, flanquée de deux tours également
fort modestes. Cet aspect n'est pas sans
doute étranger au nom donné à ces ruines,
on les appelle : *les Gleisettes*. On assure
que c'est là tout ce qui reste d'un monas-
tère bâti par des moines à une époque qui

se perd dans la nuit des temps. Sans chercher à approfondir cette légende, il faut reconnaître que le lieu était on ne peut mieux choisi pour quiconque voulait s'éloigner du monde.

Le chemin, très bon jusqu'ici et par instants seulement un peu trop humide, devient difficile à suivre sur la mouillère tourbeuse qui forme le fond de la vallée et sur laquelle serpente le ruisseau de Balserre. Il suit la base des escarpements qui bornent le côté ouest de la vallée, passe à côté d'un four à plâtre abandonné, se prolonge jusqu'au fond du cirque allongé qui constituait la limite de l'ancien lac; puis tourne brusquement à l'ouest et change complètement d'aspect.

Ici, plus de mouillères ni de prairies, mais de grands escarpements granitiques, moutonnés par l'action des anciens glaciers, qui limitent un étroit espace encombré de rochers au milieu desquels le torrent s'est creusé un passage. Le chemin, mal tracé, difficile et très tortueux, suit la rive gauche et franchit une série de petits plateaux. Un escarpement, plus élevé que les autres et entièrement boisé, barre la vallée; le torrent le franchit en cascade sur le côté droit. Le sentier appuie au contraire sur la gauche et débouche sur un petit cirque de rochers, couverts de pins, entièrement occupé par le lac de Balserre (1764 m.).

Fort jolie et fort singulière est cette petite nappe d'eau, but de notre excursion. Jolie parce que sur sa surface, d'un beau noir, se réflètent les berges rocheuses couvertes de pins ; singulière à cause de sa situation en dehors du torrent avec lequel elle communique par un petit ruisseau latéral qui sert de déversoir.

Le bassin, qui d'ailleurs semble très profond, n'est alimenté que par quelques sources, et il doit sans doute à cette particularité sa réputation d'être très poissonneux. A Formiguières, comme aux Anglès, on assure que le lac de Balserre renferme des truites de vingt livres. Mais personne n'a vu ces belles pièces ; en revanche, tout le monde déclare avoir été plus heureux pour les truites de dix livres. Ce chiffre, d'ailleurs fort coquet, est de nature à faire rêver les pêcheurs de goujons ou de cabots des bords de la Garonne ; la vérité m'oblige à dire que nous avons remis à plus tard la vérification de cette assertion.

Quant au torrent de Balserre, il coule dans la partie haute de la vallée à travers des éboulis énormes. Plus haut, dans un cirque de pâturages, se trouve le petit étang de la Balmette et, plus haut encore, s'ouvre le col de la Balmette (2118 m.), où se termine la vallée de Balserre. De l'autre côté du col, les eaux se déversent dans un affluent de la Tet, né sur les flancs du Puy de Prignes. De ce point, on peut aller facilement par un chemin bien tracé à l'étang d'Aude, à la Bouillouse (vallée de la Tet) et au plan de Camporeilles (haute vallée de la Lladure).

Pendant que les botanistes explorent les rives du lac et que nous notons les détails qui précèdent, une nuée blanchâtre apparaît d'abord dans le bas de la vallée, puis s'avance rapidement poussée par le vent. C'est le brouillard, un instant dissipé par le soleil, qui vient reprendre possession des montagnes.

A cet ennemi, doué de tant d'avantages, il faut céder la place, c'est-à-dire descendre et rejoindre les chemins faciles ; il ne nous reste que la mince satisfaction de répéter les belles phrases de Pascal sur les forces aveugles de la nature. Avant de reprendre le chemin de Formiguières, on jette un dernier coup d'œil sur le lac dont la brume estompe déjà les contours. Il semble plus grand ainsi, comme si les escarpements de la rive avaient fui eux aussi devant la nuée qui les menace.

Au cri : « En route ! en route ! » chacun a rejoint le chemin, et nous dévalons ferme au milieu d'un brouillard humide et de plus en plus épais. Une heure après, la petite caravane faisait son entrée à l'hôtel Merlat.

V

LA VALLÉE DE GALBA. — LE PLAN DE CAMPOREILLES

Le lendemain matin , le temps était magnifique ; on ne voyait pas un nuage au ciel ni la moindre trace de l'orage de la veille. Aussi les excursionnistes furent-ils promptement en mesure de partir pour la vallée de Galba. Mais il fallut se procurer un quadrupède pour porter nos provisions et servir de monture, le cas échéant, au moins ingambe ou au plus fatigué. Par malheur, le cheval sur lequel on avait compté s'était perdu la veille au soir dans la montagne. Faute de mieux on eut recours à une jument suitée qui arriva devant notre modeste hôtel en compagnie de son joli poulain et de son propriétaire, vieillard de 68 ans, au visage noirci par le hâle des montagnes.

Le modeste déjeuner, arrimé tant bien que mal sur les côtés de la selle, on se mit en route. Il faut d'abord franchir par un sentier très rocailleux le chaînon des Pinatouses qui sépare le bassin de la Lladure du vallon de Galba. Trois quarts d'heure d'une rude montée nous conduisent au sommet de la crête. A nos pieds s'étend le gracieux défilé que nous devons explorer.

C'est un étroit couloir de 8 kilomètres de long, s'étendant en droite ligne de la porteille d'Orlu (2277 m.), que nous apercevons tout au fond comme une étroite brèche aux parois couvertes de neige, jusqu'à Espousouille, petit village situé à nos pieds. A partir de ce point, la vallée, dirigée d'abord de l'ouest à l'est et un peu vers le sud, forme un coude et se redresse vers le nord pour déboucher dans le Capsir, à la hauteur du bourg de Fontrabiouse (1480 m.). Le ruisseau de Galba continue sa marche et se jette dans l'Aude à 1,402 mètres au-dessus du niveau de la mer, tout près de Puyvalador (1,458 m.), village placé comme une sentinelle avancée au débouché du col des Ares, qui fait communiquer le Capsir avec le Donnezan. Rien n'est plus gracieux que la partie de la vallée que nous avons sous les yeux. On voit partout des prairies verdoyantes et des cabanes entourées de parcs à moutons ; le torrent lui-même a un petit air tranquille tout à fait curieux ; il coule, comme un canal un peu rapide, entre deux berges bien propres ; son lit n'est pas encombré de rochers, il rappelle tout à fait en un mot les ruisseaux pacifiques de nos plaines. Cela s'explique d'ailleurs par la pente très légère de la vallée en ce point et par l'absence d'affluent latéral, toutes choses qui ont permis aux alluvions de se déposer et au ruisseau de couler, non dans son lit primitif, mais dans celui qu'il s'est creusé sur les terrains de transport.

Il faut descendre maintenant jusqu'au torrent, prespective d'ailleurs agréable après la rude montée de tout à l'heure. Le chemin est excellent, très suffisamment ombragé et on le déclarerait parfait sans les pierres un peu trop abondantes sous nos pas. Il longe la forêt et nous amène en quelques instants jusqu'à un pont qui joue un rôle considérable dans la vie des bêtes et des gens de ce pays.

Autant la partie de la gorge que nous venons de traverser est peu accidentée, autant celle qu'il nous reste à parcourir est hérissée d'obstacles. La pente devient très forte, le torrent se précipite au milieu des rochers et, sur le côté nord de la vallée notamment, d'énormes escarpements à pic dominent des éboulis très inclinés qui semblent sur le point de glisser jusqu'au bas des pentes. Ce sont les rochers de Carubi. Pour fixer ces éboulis, l'administration forestière a fait, à partir du pont, de grandes plantations de pins dans lesquelles il est interdit de mener paître vaches et moutons. Grâce à cette précaution, les arbres sont déjà très beaux et suffisent à assurer la fixité du terrain, point capital comme on sait.

Mais allez donc parler de cela à cette vieille femme qui conduit trois ou quatre vaches, et qui, croyant notre petite troupe composée de fonctionnaires des eaux et forêts, vient demander la permission d'enfreindre la consigne, s'appuyant sur ce que l'herbe est rare de l'autre côté. Celui de nous auquel elle s'adresse de préférence, sans doute à cause de son air vénérable, sait mieux que personne combien sages sont les précautions prises par l'administration, et il répond sans ménagement aucun que l'on devrait empêcher les vaches d'aller même sur l'autre rive. « D'ailleurs, ajoute-t-il en manière de conclusion, je ne suis pas de l'administration », et une petite pièce de monnaie accompagne cette réponse dont elle ne semble pas, toutefois, tempérer suffisamment la rigueur.

Après un instant de repos employé à examiner le paysage et à constater la différence qui existe entre le côté nord et le côté sud du vallon de Galba, ce dernier peu boisé mais encore bien gazonné, on se remet en route. Les botanistes doivent explorer la base des grands rochers de Carubi et les éboulis. On me charge de la mission, moins pénible, de trouver un endroit pour déjeuner.

Je poursuis donc ma marche vers le haut de la vallée en compagnie de la jument, de son poulain et du conducteur. « Cherchez une source », m'ont dit mes compagnons ; mais c'est en vain que nous explorons les flancs de la montagne pendant un kilomètre environ. La source est plus loin, assure mon guide ; cependant nous faisons halte afin de tenir conseil.

L'eau du torrent pourrait à la rigueur remplacer la source, et je ne veux pas infliger aux botanistes le désagrément de courir après le déjeuner. D'ailleurs, la pente devient plus raide et peut-être le secours d'une monture sera-t-il le bien venu quand le gros de la troupe (sans jeu de mots) rejoindra l'avant-garde.

Je m'assieds donc à l'ombre d'un pin, mais le vent extrêmement froid qui vient du haut de la gorge me force de m'étendre en plein soleil. Devant moi de grandes flaques de neige tapissent la vallée et je contemple le paysage qui est vraiment charmant et qu'animent les troupeaux se dirigeant vers les parties hautes de Galba.

Quelques vaches passent d'abord sur la rive droite du torrent, accompagnées d'une bonne femme qui les suit en tricotant, tandis que deux jeunes filles marchent sur la rive gauche, interdite, comme on sait, aux quadrupèdes. Le rôle de ces dernières est bien simple : sitôt qu'une vache fait mine de traverser le ruisseau, très étroit, mais fort rapide, elles font comprendre à l'animal, par de grands gestes destinés à l'effrayer, que ce petit voyage ne saurait se poursuivre.

Le berger qui vient ensuite, menant un troupeau de trois à quatre cents moutons, n'a pas tant de peine à prendre. Ses bêtes le suivent sans difficulté. De mon observatoire, je les vois passer en deux longues files qu'un chien de berger surveille, accèlerant parfois la marche des retardataires, tandis qu'un énorme chien de montagne suit à quelque distance, venant parfois s'ébattre dans l'eau du torrent et n'apportant d'ailleurs qu'un mince intérêt aux évolutions du troupeau. Ce bel animal a évidemment une très haute idée de ses fonctions : il laisse au *farou* le soin de surveiller la colonne, son affaire à lui c'est le loup ou l'ours ; le reste lui importe peu.

A voir ces moutons traverser tranquillement les talus gazonnés, qui pourrait reconnaître dans ces innocents animaux la cause des plus graves accidents des terrains de montagne ? Pourtant, la chose est aujourd'hui certaine et les beaux travaux de M. Surrell dans les Hautes-Alpes l'ont mise en évidence ; le mouton est l'ennemi du gazon, qu'il tond d'abord, ce qui ne serait pas un grand mal, mais qu'il arrache ensuite, laissant ainsi à nu la terre meuble que l'eau de neige entraînera jusqu'au torrent, dont elle augmentera la force destructive en temps d'inondations. On a vu des montagnes, d'abord dénudées, glisser ensuite peu à peu dans les vallées, par un ravinement progressif que les racines du plus petit gazon auraient pu empêcher. Là encore les petites causes produisent de grands et terribles effets.

Cependant nos botanistes doivent faire ample moisson, car leur pérégrination dans les rochers se prolonge. J'en profite pour interroger mon guide sur le pays. Il me dit, ce que je savais déjà, qu'il faut une bonne heure pour atteindre la Porteille d'où on peut descendre à Ax par la vallée d'Orlù. Puis, j'apprends de lui qu'il existe, un peu plus haut que le point où nous sommes, un sentier menant aux étangs de Camporeilles, et que l'on peut y aller à cheval ; détails importants dont je me promets de tirer parti tout à l'heure.

Sur ce arrivent nos chercheurs ; on déclare à l'unanimité qu'il faut arriver à la source, et nous repartons, mais pas pour longtemps, car, au bout d'un quart d'heure à peine, toute la caravane se trouvait installée auprès d'une source abondante et fraîche sortant de terre au milieu d'une prairie.

Vers la fin du repas, le guide, interrogé, assure derechef que l'ascension de Camporeilles par le col de la Montagnette, situé justement au-dessus de notre salle à manger, peut se faire, et il ne refuse pas de me conduire. Quant à la descente, notre homme ne sait pas par où nous l'effectuerons. Aussitôt dit, aussitôt fait ; je serre la main à mes compagnons et en selle. Il est midi.

Pendant une bonne heure, nous montons par un sentier extrêmement escarpé qui me force à m'accrocher à l'avant de la selle, de construction très primitive, sous peine de glisser jusqu'à la queue de l'animal. Le soleil fait rage, et les maigres pins qui ornent le paysage ne donnent qu'une ombre bien intermittente. Aussi mes mains commencent-elles à être le siège de picotements significatifs. De temps à autre, notre petite troupe s'arrête pour souffler. Je suis naturellement le moins fatigué, cependant mes qualités de cavalier sont si médiocres que je me sens brisé. Quand je considère mon guide, montant avec entrain malgré ses soixante-huit ans cette pente abrupte, un sentiment de honte me prend, tant mon infériorité à cet égard est évidente. Jamais, je crois, je n'aurais pu grimper ainsi ou plutôt escalader ce passage, et nous ne sommes pas au bout. Chemin faisant, on interroge un pâtre qui assure que la descente est possible par la Lladure. En avant.

Les arbres disparaissent, et nous apercevons tout en haut une brèche étroite. C'est le col de la Montagnette; mais comment l'atteindre? Ici, plus de chemin du tout, mais un amoncellement de rochers avec d'énormes flaques de neige. Nous contournons les premières. Bientôt ce stratagème n'est plus de mise; le passage, entièrement comblé par la neige, apparaît comme un immense champ d'un blanc cru éblouissant. L'inclinaison très marquée n'étant pas précisément rassurante, je propose de quitter ma monture, mais mon guide déclare la précaution inutile. Nous prenons le champ de neige en écharpe, et, en dix minutes, cet obstacle se trouve heureusement franchi.

Mais en voici un second plus ennuyeux, car au milieu s'ouvre un trou noir d'assez mauvais augure. Cette fois il faut mettre pied à terre et sonder la neige avec le bâton ferré. Dès les premiers pas, la situation m'apparaît tout à fait dépourvue de gaîté. Malgré les clous de mes souliers, je glisse comme sur une glace, et ni hache, ni crampons, ni corde. Je prends le parti de marcher dans les empreintes faites par ma monture. Ce n'est pas encore bien commode, mais enfin cela peut aller.

Il reste encore à traverser un étroit couloir que limitent des rochers à pic ornés à leur sommet d'un certain nombre de pins morts de l'aspect le plus fantastique ; on dirait des squelettes tendant vers nous leurs bras décharnés. Il ne reste, en effet, de l'arbre que le tronc et les grosses branches du côté opposé au col ; le tout est d'un blanc crayeux et tranche sur le fond sombre des rochers. C'est vraiment curieux, et ce site, éclairé par la lune sur le coup de minuit, doit avoir un aspect tout à fait *fonte des balles*. (Voir le *Freychutz*, de Weber).

Mais le couloir est de nouveau barré par la glace. Ici encore, il ne faut pas songer à l'éviter. Mon guide assure que je puis passer à cheval, et je trouve qu'il met vraiment un peu trop d'amour-propre à ne pas me voir à pied. Je remonte donc en selle, mais à peine nous engageons-nous sur la glace que ma monture enfonce jusqu'au poitrail. Je me trouve à la fois à pied et à cheval, car j'appuie sur la glace. Cette fois, il faut descendre. Nous dégageons la bête, non sans peine, et passons.

Un petit espace reste encore à franchir. Au bout de quelques minutes, nous atteignons le col, et alors un spectacle merveilleux apparaît qui suffit amplement à faire oublier tous les petits incidents de l'ascension.

Devant nous s'étend un vaste plateau, parsemé de lacs de proportions variées ; une série de montagnes élevées rangées en demi-cercle et couvertes de. neige ferment l'horizon. A certains endroits se dressent des pins morts analogues à ceux que nous avons vus tout à l'heure. Vers l'est, le plateau s'affaisse et le regard va se perdre sur des pentes boisées situées tout à fait au-dessous : c'est le fond de la Lladure. A l'horizon apparaît un dédale de sommets que domine tout au loin la cime du Canigou.

Au nord-est, tout près de nous, se dresse le pic de la Palme (2474 m.). Le plateau semble se prolonger de ce côté. On aperçoit dans le lointain les montagnes de la chaîne frontière. Tout à fait au sud s'élève une chaîne hérissée de pics qui ferme l'horizon à quelques centaines de mètres seulement et limite le plan de Camporeilles : ce sont le Puy de Prignes (2810 m.), avec son double sommet dont le plus élevé est à plus de 600 mètres au-dessus du point d'où nous admirons sa masse imposante et ses flancs couverts de neige ; puis le pic de Camporeilles et le pic de Mortes, tous deux un peu moins hauts que leur grandiose voisin ; plus loin, le pic de Moustier (2608 m.), enfin tout au fond le pic de Terrès (2640 m.).

Le plan de Camporeilles s'élève graduellement et tourne vers le nord, où il disparaît derrière un monticule situé tout à fait à notre droite et qui porte sur la carte la cote de 2,434 mètres.

Tel est l'ensemble de ce paysage vraiment alpestre qui, éclairé comme en ce moment par un soleil magnifique, peut soutenir la comparaison avec ce que les Pyrénées comptent de plus grandiose en fait de sites sauvages et désolés.

Le temps manque pour parcourir tout le plateau, car il est déjà 2 heures, et le retour exigera trois heures au moins. Il faut donc se contenter de voir à la hâte les lacs et leurs déversoirs.

Voici d'abord à nos pieds deux lacs jumeaux réunis par un étroit canal ; ils figurent sur la carte avec cette mention : 2260 mètres. Du point où nous sommes, on en aperçoit d'autres plus petits épars sur le plateau. Mais les deux les plus proches sont en partie seulement libres de glace. A leur surface flottent des *ice-bery* aux formes capricieuses, détachés de la partie la plus élevée de la rive sur laquelle se dresse une paroi glacée de teinte verdâtre creusée en forme de grotte. Ces *ice-berg* se meuvent majestueusement, obéissant non au courant qui semble nul, mais au vent qui agit sur leur surface émergée comme sur les voiles d'un navire.

Le goulet qui fait communiquer les lacs supérieurs avec l'inférieur est recouvert, dans sa partie curviligne, par un tunnel de glace. L'eau s'engouffre en mugissaut dans l'ouverture sombre creusée dans cette énorme masse d'un blanc étincelant, qui se prolonge en une nappe uniforme sur le lac inférieur ; là encore se voient les belles teintes vertes dont nous parlions tout à l'heure ; mais ici le courant très fort a produit dans la glace des crevasses profondes ; elles sont toutes concentriques à l'ouverture par laquelle s'échappe l'eau du déversoir, et cette disposition met en évidence le mode de désagrégation de ces glaces tardives.

En suivant les bords de ce lac, nous arrivons à la limite du plateau de Camporeilles, qui se termine brusquement par un précipice de plus de 300 mètres de haut, au fond duquel on aperçoit la vallée de la Lladure couverte de pins. Dans le mur, les eaux sorties des lacs s'ouvrent un passage par une brèche profonde, au fond de laquelle elles mugissent d'une façon effrayante, sautant de rocher en rocher, et forment au fond du gouffre, aux parois noires, une longue ligne blanche mouvante ; on dirait vraiment un troupeau affolé se ruant vers la partie basse de la vallée. Cet aspect, qui n'a pas échappé aux gens du pays, a fait donner à ce déversoir le nom de *saut des porcs* ; on aurait pu tout aussi bien l'appeler *saut des moutons*, mais à quoi bon chicaner sur le mot. On ne saurait rien voir de plus horrible que cette brèche ; l'impression que je ressentis, quant à moi, lorsque je plongeai les yeux entre ces deux murailles rocheuses, fut telle que je ne pus rester en place ; je sentais que le vertige me gagnait ; je revins cependant à la charge, et chaque fois je dus m'éloigner.

Un mot maintenant sur les pins morts qui dressent leurs silhouettes blanchies par le temps sur le sol du plateau. Ici, comme dans *la gorge de la Montagnette*, ces arbres sont réduits à leur tronc et aux grosses branches, mais d'un seul côté seulement. Toutes les autres ont disparu coupées net à leur point d'émergence, à l'exception de celles qui se trouvaient tournées vers la partie basse de la vallée, c'est-à-dire dirigées vers le sud-est. Elles sont réduites d'ailleurs à leurs plus grosses divisions. Ces arbres, à en juger par la grosseur de leur tronc, avaient déjà un certain âge quand la mort les a frappés ; cependant l'état de conservation dans lequel ils se trouvent et le fait que leur nombre est très grand permettent d'éliminer l'hypothèse qui vient la première à l'esprit, celle que ces arbres seraient morts de vieillesse. En certains points, tous les pins sont morts et tous conservent leur forme première ; on dirait une armée de squelettes ; il semble qu'ils aient été frappés en pleine sève par un accident subit. Mais quel peut-il être ?

Remarquons, d'abord, que la direction générale du plateau est nord-ouest sud-est, par conséquent le vent du nord-ouest doit dominer dans ces hautes régions. Cela étant, on comprend que, pendant la mauvaise saison, lorsque la neige poussée par le vent balaye tout le plateau, elle s'accumule plus particulièrement sur les branches du côté nord-ouest qui ont, dès lors, beaucoup à souffrir.

Mais ce fait n'explique pas suffisamment le phénomène en question, et en comparant les sapins morts du plateau de Camporeilles avec les arbres de l'Orléanais qui furent si éprouvés par le verglas du 23 janvier dernier, on ne peut se défendre d'un rapprochement très significatif. Seulement, tandis que la pluie d'eau tenue en surfusion a pu, sur les bords de la Loire, borner ses effets à des dégâts assurément graves, mais limités, le même phénomène survenu à une époque indéterminée sur le plateau de Camporeilles, région ou la végétation est plus difficile, a tué tous les arbres atteints.

Après avoir jeté un dernier coup d'œil sur le pays, nous nous mettons en devoir de descendre ; mais le chemin que l'on suit d'habitude est complétement impraticable, car il disparaît sous une énorme flaque de neige dont la pente extrêmement inclinée ne permet pas de songer à passer par le côté nord. « Nous y tuerions la jument », me dit mon guide, bien que je n'insiste pas le moins du monde pour prendre cette voie. Vainement, après avoir traversé le déversoir à la sortie du dernier lac, nous essayons de passer par le ravin qui occupe le centre du cirque de la Lladure ; là encore, toute tentative serait dangereuse, la glace est moins inclinée mais d'énormes crevasses en coupent la surface. La situation prend une tournure désagréable et je vois le moment où nous serons contraints de revenir par le chemin de la *Montagnette* ; cependant on a assuré que le passage était possible. Il reste à examiner le troisième ravin, celui qui longe les pentes du pic de la Palme. Ici encore nous trouvons de la glace, mais elle est moins abondante ; de plus, les parties inclinées ou qui, vues d'en haut, paraissent surplomber, peuvent être tournées. En route donc.

Nous traversons ou contournons pendant une demi-heure une infinité de flaques neigeuses, puis un petit sentier nous offre un chemin plus sûr, quoique ressemblant surtout à un mauvais escalier. En une heure nous atteignons le fond de la Lladure, au-dessus duquel se dressent de tous côtés les escarpements qui suppor-

tent le plan de Camporeilles. Le coup
d'œil est vraiment splendide. Sur cet
énorme mur, dont la hauteur dépasse
trois cents mètres et que hérissent d'innombrables saillies rocheuses, se dessine
la ligne blanche continue des eaux qui
descendent des lacs. Autour de nous, con-
trastant avec l'aridité des pentes supérieures, la végétation des pins est magnifique ; ils sont serrés les uns contre les autres et d'une très belle venue. Au-dessus de la ligne du plateau, le Puy de Pri-
gne, dresse sa masse imposante, tandis qu'à
notre gauche s'élève le pic de la Palme.

Pendant longtemps encore, les parois de
la vallée de la Lladure conservent leur
caractère de murailles rocheuses escar-
pées, puis les pentes deviennent moins rapides et les forêts de pins les recouvrent
jusqu'à une certaine hauteur. D'abord, dirigée vers le nord-est, la gorge s'infléchit
ensuite vers le sud en contournant le roc de
Lladure, formant ainsi la boucle orientale
de l'S majuscule que dessine le ruisseau
de Lladure ; la seconde boucle est due à la
saillie du Bac de las Planes. A ce niveau,
la vallée s'élargit ; des prairies en occupent le fond, tandis que les forêts sont re-
jetées sur les pentes.

Arrivés à ce point, les nombreuses irrigations qui couvrent la plaine nous for-
cent à abandonner le chemin large, dans
lequel les charrettes peuvent circuler, pour
prendre un sentier qui monte à travers le

bois du Bac de las Planes. Ma monture sent sans doute l'écurie, car elle prend une allure plus vive ; le guide, de son côté, est fatigué de cette longue course (on le serait à moins), aussi, pour accomplir cette ascension, il saisit la queue de la jument qui, sans doute, habituée à ce mode de locomotion, se laisse faire et hisse à la fois le cavalier et son guide.

Arrivé sur la hauteur, le paysage change complètement d'aspect. A nos pieds s'étend la vallée de la Lladure, fermée par le chaînon qui forme la limite ouest de la plaine du Capsir, dont on aperçoit les riantes prairies et les villages. Au fond, fermant l'horizon, se dresse la chaîne qui limite le plateau à l'est avec la série de ses pics et de ses passages.

De ce point élevé on peut voir presque tout le Capsir avec ses prairies, la belle forêt de la Matte et les villages bâtis sur les bords de l'Aude, qui longe la chaîne limitant le plateau à l'est. Ces villages sont, du sud au nord, Matemale, Creu, placé au débouché du col de Creu par où passe la route du Capsir à Railleu, Taillau et Olette ; plus loin, le petit hameau de Villeneuve ; puis Réal, à la descente du col de Sansa ; enfin, Odeillo et Puy-Valador, à l'extrémité sud du col des Ares.

Vu ainsi, le Capsir a tout à fait l'aspect d'un ancien lac mis à sec. A l'époque où les eaux remplissaient ce vaste bassin alimenté par l'Aude, la Lladure, le torrent de

Galba et une infinité dè petits ruisseaux innommés, le coup d'œil devait être fort beau ; car le Capsir a, du sud au nord et à vol d'oiseau, 11 kilomètres de long — du col de Castellon, par lequel il communique avec la vallée de la Tet, au col des Ares, qui débouche dans le Donnazan — et 4 kilomètres de large en moyenne.

A cette époque également, le débouché de chacune des vallées latérales dans le Capsir devait être occupé par le front des glaciers de l'Aude, de Galba et de la Lladure. C'est ce dernier, dont le bassin d'alimentation était le plus considérable, qui a transporté tous les débris dont l'ac·cumulation forme les croupes arrondies sur lesquelles serpente maintenant notre chemin.

Après avoir franchi le torrent descendu du bois du Bac de las Planes, nous arrivions bientôt aux *cases d'Amont*, petit hameau dépendant de Formiguières; quelques instants après à l'hôtel, où nous retrouvions nos compagnons du matin.

Depuis notre séparation dans la vallée de Galba, MM. Timbal-Lagrave, Jeanbernat, Gautier et l'abbé Marçais avaient exploré et franchi la chaîne qui limite Galba au nord, pour aboutir à Fontrabiouse où une énorme source sort de terre en mugissant, particularité qui a donné son nom au village.

Comme bien on pense, il fut longuement question pendant tout le reste de la soirée de tout ce que nous avions vu les uns et les autres, tous les membres de l'expédition ayant d'ailleurs visité Camporeilles dans une excursion faite l'année précédente.

La causerie se prolongea d'autant plus que, à mon grand regret, je devais quitter mes excellents compagnons pour rentrer à Toulouse.

Le lendemain, à 2 heures du matin, je partais de Formiguières sur la voiture affectée au service des postes ; à 5 heures, j'étais à Mont-Louis, à 10 heures à Prades, à 2 heures à Perpignan, et à 10 heures du soir à Toulouse. Mais le voyageur n'est nullement forcé de revenir ainsi par le chemin suivi pour arriver. On peut, en effet, quitter le Capsir soit par la gorge de Galba, la porteille d'Orlu et Ax ; soit, ce qui vaux mieux encore, en passant au col des Ares, à Quérigut, aux bains de Carcanières, au col du Caravel, à Roquefort, où on atteint la gorge de l'Aiguette pour rejoindre les gorges de l'Aude, passer dans le défilé de Saint-Georges, à Axat, dans le défilé de Pierre-Lys et arriver à Quillan.

Nous aurons l'occasion de décrire les merveilles de cette route quand nous parlerons du Donnezan.

6

IIᵉ PARTIE

—

LE DONNEZAN

AVANT-PROPOS

L'ancien Donnezan, qui forme actuelle-
ment le canton de Quérigut (département
de l'Ariège), est assurément la partie des
Pyrénées françaises la moins connue. Le
guide Joanne parle à peine de cette région,
et l'ouvrage de géographie de M. Reclus
(deuxième volume) se borne, à son sujet,
aux quelques lignes suivantes : « Le petit
» canton de Quérigut ou du Donnezan,
» qui ne communique avec le reste de
» l'Ariège que par le col de Paillers, haut
» de près de 2,000 mètres, et rempli de
» neige pendant la plus grande partie de
» l'année, est une région à peine habitée,
» un désert de roches blanchâtres revê-
» tues çà et là d'une maigre végétation. »
Ce passage, le seul de l'ouvrage en ques-

tion consacré au Donnezan, ne laisse pas que d'être très éloquent dans sa brièveté, et on reconnaîtra sans peine son caractère peu engageant. Aussi n'est-ce point sur la foi de ce sombre tableau, ou pour vérifier les assertions du savant géographe, que plusieurs membres de la Société des Sciences physiques et naturelles se mirent en route, au mois d'août 1876, sous la conduite de MM. E. Timbal-Lagrave et du docteur Jeanbernat.

Le but de l'excursion était tout différent. Il s'agissait de suivre les traces d'un grand botaniste, peu connu jusqu'à ces derniers temps, qui parcourant ce pays à la fin du siècle dernier, y fit d'importantes découvertes dont le dépossédèrent outrageusement plusieurs de ceux que l'on nomme volontiers les princes de la science. Cette conduite injustifiable a causé l'oubli dans lequel était tombé le nom de l'abbé Pourret. Heureusement, M. Timbal-Lagrave a pris à cœur de faire restituer à Pourret la part de gloire qui lui revient, et par des communications fréquentes à la Société botanique de France, à l'Académie des Sciences de Toulouse et à la Société des Sciences physiques et naturelles, il a intéressé tous les savants à cette œuvre.

La tâche présentait de grandes difficultés. Pourret, en effet, a laissé un petit nombre d'écrits, quelques-uns même incomplets, car ce vaillant homme a eu la

vie la plus agitée qui se puisse voir; il
faut lire dans les *Reliquiæ Pourretianæ*,
publiées par M. Timbal-Lagrave, l'histoire
de cette existence traversée par tant de
malheurs et d'infortunes, dont l'évène-
ment le plus lamentable, celui qui dut
porter à cette âme de savant le plus rude
coup, celui qui priva la science de matériaux botaniques considérables et de travaux nombreux, fut le pillage de la maison
de l'abbé Pourret, à Orrense, la destruction de son herbier et la dispersion de ses
manuscrits.

Il a donc fallu se mettre à la recherche
de tous les documents épars, dans les recueils scientifiques, les bibliothèques et
les collections et, après les avoir étudiés,
visiter les mêmes localités que Pourret,
en prenant les mêmes chemins que lui.

Je ne saurais, pour des motifs que plusieurs comprendront sans peine, dire tout
le bien qu'il faut penser de cette mission de
justice et d'équité entreprise par M. Timbal-Lagrave: restituer à un savant modeste la part qui lui revient dans l'histoire de la science, montrer l'abnégation
et le dévoûment de cet homme, victime
des bouleversements politiques de la fin
du siècle dernier, qui sut trouver dans
l'étude de la nature la meilleure consola-
tion, n'est-ce point faire une œuvre méri-
toire à tous égards, qu'il serait bon d'a-
voir entreprise lors même que l'on n'ap-
porterait pas à son accomplissement la

science et le courage qu'y a apportés M. Timbal-Lagrave.

En 1876, il s'agissait de parcourir la région du Laurenti. Une première exploration rapide, faite l'année précédente, avait permis à M. le docteur Jeanbernat et à M. Timbal-Lagrave de se rendre compte des ressources du pays et de la distribution générale du terrain à parcourir ; le plan général de l'excursion fut dressé d'après des indications fort précises. Grâce à cette précaution, notre petite caravane put voir une foule de belles choses en très peu de temps, malgré des intempéries régulières, quotidiennes et désagréables, à propos desquelles la bonne humeur et la gaîté des touristes accomplis de la bande fut aussi salutaire que réconfortante.

J'arrive, après ce préambule, trop long peut-être, au récit de l'excursion ; mais je dois faire encore une observation. Ceci n'est point une relation scientifique. Après la belle monographie publiée sur le Laurenti par MM. le docteur Jeanbernat et Timbal-Lagrave (1), l'œuvre est faite et bien faite. Les pages suivantes sont des notes de touriste, ou, si l'on veut, le pro-

____

(1) *Le massif du Laurenti*, par MM. le docteur Jeanbernat et Ed. Timbal-Lagrave, Paris, Savy.

cès-verbal d'un voyage fait par un badaud, en donnant à ce mot l'acception que précisait ainsi Saint-Marc Girardin : « J'aime » les voyages de badauds. La badauderie, » c'est-à-dire voir pour voir, prendre les » idées à mesure, telles qu'elles arrivent, » ne rien étudier et pourtant apprendre... » apprendre à peu près comme on respire » et sans se donner plus de peine, s'éclai- » rer plutôt que s'instruire, car la lu- » mière vient, tandis que l'instruction » s'acquiert ; voilà ce que j'appelle la ba- » dauderie, et c'est une douce chose qui a » ses mérites. »

Sous le bénéfice de ce patronnage, voici, cher lecteur, le récit de l'excursion.

I

DE TOULOUSE A AX

Notre petite caravane (1), réunie le mardi matin, 10 août, à la gare de Toulouse, s'embarqua en bon ordre dans le

---

(1) Elle se composait de MM. les docteurs Bouchage, Jeanbernat et Jougla, Lazerges, conducteur des ponts et chaussées, Edouard Timbal-Lagrave. Albert Timbal-Lagrave, auxquels vinrent se joindre à Mijanés, MM. G. Gautier, botaniste de Narbonne, et A. Gautier, professeur agrégé à la Faculté de médecine de Paris.

train de 9 heures. Le choix était du reste
fort limité, car des trois convois qui par-
courent chaque jour la ligne de Foix, le
seul qui puisse emmener les voyageurs
à Ax avant la nuit est celui de 9 h. La
Compagnie du Midi, assez peu généreuse
pour cette malheureuse ligne, ne lui a pas
accordé un nombre de trains bien considérable. Il faut dire aussi que cette partie
du réseau est entièrement isolée ; elle ne
mène à aucune localité importante : le
nombre, cependant assez considérable, des
baigneurs qui se rendent aux eaux de
l'Ariège ne suffisant pas d'ailleurs à com-
bler cette insuffisance.

Que dire de la partie de la route qui
mène à Foix ? Tout le monde connaît cette
ligne assez uniforme dans sa première
partie, plus agréable, plus accidentée dès
que l'on quitte la plaine monotone de la
Garonne pour remonter le cours de
l'Ariège. Il est donc inutile de décrire le
trajet en chemin de fer. Le convoi laisse
successivement derrière lui les deux villages jumeaux de Pins et de Justaret, et
ceux de Venerque-le-Vernet, ces deux
frères ennemis, si on en croit les bruits
qui courent sur cette Thébaïde; puis La-
gardelle et son château; Auterive, dont le
nom est une description ; Cintegabelle et
son beau clocher; Saverdun, qui fut un
des remparts de la religion réformée; Mon-
taut, dont le nom indique la position;
Pamiers et le Castellat dépouillé de son

château ; Varilhes, plus célèbre par les opinions avancées de ses habitants que par la qualité de son vin et le bon état de ses pavés. Enfin, à travers la vallée encaissée et pittoresque, dont les accidents semblent à chaque instant barrer la route, nous arrivons à Foix.

Le trottoir de la gare est aussitôt envahi (en 1876 la ligne n'allait pas encore jusqu'à Tarascon) par les voyageurs, heureux de mouvoir leurs membres engourdis par une station assise prolongée. Beaucoup parmi eux ont pris quelques précautions alimentaires avant leur départ ; quant aux autres, ceux qui n'ont pas déjeuné en wagon, à l'exemple de notre petite troupe, emportent force provisions dans les récipients les plus variés. Ajoutez à cela les embarras de cannes, parapluies, ombrelles, cartons de chapeaux, etc., tous les *impedimenta*, enfin, que traîne forcément après elle une famille qui « va aux eaux », suivant l'expression consacrée, et vous aurez une idée du spectacle que présente cette foule bigarrée.

C'est mieux encore à la porte de la gare ; là, sont rangés les véhicules les plus divers : calèches, omnibus, diligences, dont les conducteurs mêlent leurs cris à ceux des garçons d'hôtel qui, la serviette au bras, s'efforcent de retenir l'étranger ; mais les efforts sont vains, on passe par Foix, on ne s'y arrête pas. Il faut dire aussi que le touriste qui croirait sur parole certaines descriptions n'aurait vraiment pas grande tentation de s'aventurer dans une ville que M. de Chausenque, par exemple, a décrit dans les termes suivants : « Je doute qu'il y ait de plus humble chef- » lieu de préfecture ; vieilles maisons mal » bâties ; rues étroites et tortueuses ; » point de places ; site inégal et enfoncé » entre de tristes hauteurs ; rien n'y man- » que pour en faire un lieu d'exil ; l'en- » ceinte de montagnes ne s'ouvre un peu » que du côté du Sud. » C'est, on l'avouera, peu tentant ; heureusement que ce tableau si sombre n'est pas tout à fait exact. La ville de Foix a des rues tortueuses et étroites, cela est certain ; le site est inégal et enfoncé, soit ; mais si les places brillent par leur absence, la belle promenade de Villote ne constitue-t-elle pas un dédommagement à cette pénuerie ? Enfin, le Château, dominant la ville du haut de ce rocher qui se dresse, comme une sentinelle, en travers de la vallée, ne contribue pas peu à rendre le site pittoresque.

Au sujet de ce monument, je ne puis, toutes les fois que je passe par là, ne pas me rappeler une fête dont je garderai toujours un excellent souvenir, tant l'hospitalité que je reçus à cette occasion fut franche et cordiale. Or, le programme des réjouissances portait, comme *great attraction*, le simulacre de l'embrasement du Château. A l'heure dite, les danses s'arrêtèrent sur la promenade de Villote, dans l'allée de droite où les dames de la ville se livraient aux danses les plus modestes, comme dans celle du milieu, réservée, par un contrat tacite, aux ouvrières de la ville, et dans l'allée de gauche, où dansaient les habitants de la campagne ; *tout le monde s'arrêta, fixant les yeux sur le roc si cher aux Fuxéens. Enfin un grand cri retentit, un feu de bengale rouge éclairait vivement les murs du Château, qui apparaissait ainsi dans une sanglante lueur. A cette ouverture de pyrotechnie vulgaire vint bientôt s'ajouter une exécution plus complète du programme : on vit les flammes sortir par les ouvertures de la tour, et ce fut un hourrah général ; mais l'admiration et l'enthousiasme ne connurent plus de borne lorsque le cône qui surmontait chacune des tours, jetant de vives lueurs, chacun pût s'écrier : « Comme c'est bien imité ! » Cette partie de la fête se prolongea même plus longtemps que les exercices pyrotechniques habituels, mais on n'y prit pas garde; et plus d'un, parmi les assistants, remercia *in petto* les artificiers qui, rompant avec les habitudes de leurs confrères, semblaient faire durer à plaisir ce divertissement, trop souvent fort rapide. Bientôt les danses reprenaient de plus belle, et le lendemain seulement les Fuxéens purent constater la disparition complète des toits en éteignoirs, qui surmontaient la veille encore les tours du château de Foix. Le désir d'imiter l'incendie avait été poussé trop loin. Il faut ajouter, à la louange de l'administration, que jamais il n'a été question de rétablir ces toitures, dont le principal inconvénient était de défigurer complètement le monument, et de lui imposer sans motif un aspect en contradiction flagrante avec sa destination première (1).

---

(1) Du Mège a publié, dans le tome II des *Mémoires de la Société archéologique du Midi de la France,* une intéressante notice sur les tours de Foix, qui se termine par les lignes suivantes : « Ces tours, dégradées sans doute aux yeux de
» l'artiste ou de l'archéologue par des répara-
» tions, par des appropriations modernes, offrent
» néanmoins encore l'ensemble le plus pittores-
» resque et le plus imposant. Elles rappellent
» ces nobles comtes, distingués par leur valeur
» brillante dans les guerres saintes, par leur
» courage indomptable et par leur fidélité, lors-
» que la maison de Toulouse fut, comme la leur,
» persécutée, exhérédée, au temps des Albi-
» geois. Les souvenirs de l'histoire, les récits de
» Froissard viennent rappeler la courtoisie et la
» magnificence de c⁴ Gaston-Phœbus, plus riche
» que les rois de son époque, plus puissant que
» tous les comtes, plus généreux que tous les
» potentats. On demande s'il n'existe pas dans
» la contrée où ces princes ont régné d'autres
» monuments authentiques de leur puissance ou
» de leur piété. On indique alors à l'étranger
» des châteaux, des forteresses, des abbayes.

Après avoir pris quelques instants de repos, nous nous entassions dans un véhicule décoré du nom d'omnibus où six personnes n'étaient rien moins qu'à l'aise. Un *quidam* étranger prenait aussi place à côté du cocher malgré nos protestations, et bientôt nous roulions sur la route de Tarascon. La chaleur était étouffante ; une poussière épaisse arrivait dans le véhicule par les ouvertures, impuissantes à nous donner un peu de fraîcheur ; mais la conversation ne languissait pas, et la

---

» Mais ces vieilles citadelles sont démantelées » ou entièrement détruites, ces abbayes, ces mo- » nastères... le seizième siècle, le calvinisme et » 1793 n'en ont laissé le plus souvent que d'in- » signifiantes ruines. Et leurs sépulcres ? Allez » à Bolbonne, ce Saint-Denis de leurs premiè- » res dynasties ; là, quelques pierres couvrent » le lieu où reposaient leurs cendres. Les grands » simulacres des chevaliers de la maison de » Foix, couchés immobiles sur leurs lits de mar- » bre, ont disparu de l'enceinte consacrée ! A » peine si à la Grâce-Dieu, à Comminges, nous » retrouvons quelques monuments que l'on » puisse leur attribuer. A Bolbonne même, on » sait bien que les ossements de ces princes ont » été brisés dans leurs sépulcres violés. Ces » fiers châtelains de la forteresse aux trois tours » élancées, ces vaillants comtes de Foix n'ont » pas même conservé, de tant de domaines dont » ils étaient les maîtres, l'étroit espace de quel- » ques tombeaux. »

bonne humeur de chacun permettait de supporter les inconvénients de la route.

Le rocher de Montgaillard était dépassé depuis quelques instants et l'attelage montait au pas une petite côte, lorsque un arrêt subit appela notre attention en faisant craindre un accident. En effet, diligences, calèches, charrettes, véhicules de toute sorte encombraient la route dans un désordre complet; informations prises, toute émotion doit être refoulée; il s'agit tout uniment de l'empierrement de la route effectué depuis le matin sur une longueur de 1 kilomètre environ. L'administration des ponts et chaussées, n'ayant pas encore fait passer le rouleau compresseur, a créé d'énormes difficultés devant lesquelles on ne peut reculer et qu'il faut franchir. Au milieu des plus effroyables jurons que renferme le vocabulaire pourtant très riche des postillons, chacun quitte le véhicule qui le portait et se résigne à faire à pied un bout de chemin. La route, ainsi agrémentée de petits groupes de voyageurs, est vraiment fort jolie : sa situation même rend ce petit incident assez agréable. S'élevant au dessus de la vallée, le chemin contourne un petit rocher, et plus loin, on domine les forges de Saint-Antoine, situées au bord de l'eau. Toujours parallèles, la route et la ligne ferrée en construction longent le côté est de la vallée, au fond dé laquelle coule l'Ariège, et dont le versant opposé est formé par une série de collines couvertes de verdure.

Le véhicule nous ayant rejoint, nous nous y entassons de nouveau. Bientôt se montrent quelques chariots du pays portant le minerai destiné aux forges de Saint-Antoine ; celles-ci constituent un véritable bienfait pour les habitants qui, dès que les travaux des champs leur laissent quelques loisirs, font le service de rouliers pour le compte des forges.

On traverse bientôt Tarascon, but extrême des travaux actuels du chemin de fer ; vieille cité bien déchue de son antique splendeur.

Comme nous approchions d'Ussat, un violent cahot fit pousser un cri de douleur aux six voyageurs; mais le riant paysage des environs attira bientôt leur attention, et personne n'y songeait plus lorsque, devant l'avenue de l'établissement thermal d'Ussat chacun put constater la grave avarie qu'un malencontreux morceau de minerai avait déterminée à l'essieu de l'omnibus. Ce satané essieu était faussé, impossible d'aller plus loin. Ce voyage, interrompu si brusquement, ne faisait rire aucun de nous. Aussi dépêcha-t-on le cocher à la recherche d'un autre véhicule qui pût nous conduire à Ax.

La tâche fut longue et pénible, mais enfin un loueur indigène voulut bien céder une prétendue calèche qui n'avait rien du confortable que son nom semblait indiquer.

Deux heures plus tard, nous arrivions à Ax avec la nuit, au milieu d'un flot de baigneurs et de baigneuses, dont la principale distraction semblait être de voir arriver la diligence. Après quelques ablutions rapides et un diner médiocre, on se mit en devoir de préparer la course du lendemain. On y parvint non sans peine ; cependant, à minuit, nous regagnions nos chambres, sûrs d'avoir le lendemain une bonne journée de marche.

II

D'AX A MIJANÈS PAR LE COL DE PAILLÈRES

Le 11 août, à 5 heures et demie du matin, il fallut procéder aux préparatifs de départ ; ils furent vite terminés. Le gros de nos bagages, en effet, avait pris la route de Mijanès par un autre chemin, celui que peuvent suivre les voitures, c'est-à-dire par Quérigut et Carcannières ; nous n'avions à porter que nos vêtements supplémentaires et les engins à l'usage des naturalistes. Quant au déjeuner, il est empaqueté avec soin et arrimé sur le dos d'un âne, lequel ne semble pas plus fier que son voisin, malgré la haute mission qui lui est confiée.

Pendant que le gros de la caravane s'apprête à suivre les bêtes de somme, nous prenons les devants, M. Jeanbernat et moi.

L'aspect d'une ville d'eaux, à cette heure matinale, n'est rien moins que brillant. Dans les rues désertes règne le silence le plus complet que trouble seul le bruit du torrent. Pourtant les établissements de bains présentent déjà quelques symptômes d'animation ; le personnel des thermes se prépare à recevoir les baigneurs, qui dès l'aurore, viendront demander aux naïades d'Ax, d'odeur peu poétique comme on sait, le remède à leurs maux.

Bientôt nous avons franchi les dernières maisons de la ville, maisons tristes, basses, habitées non par des baigneurs mais par des indigènes, et qui constituent comme les logements de domestiques de la ville d'Eté, un peu plus luxueuses d'apparence sinon plus confortable, réservée aux baigneurs.

Nous laissons à droite l'Ariège et la route du col de Puymorens pour nous diriger vers l'est, direction que nous ne devons plus quitter. La montée commence immédiatement après les dernières maisons de la ville, et, par un chemin dont les nombreux lacets ne parviennent pas à faire disparaître la pente raide, elle escalade les premiers contreforts de la vallée.

Le jour se lève à peine, une lueur incertaine éclaire les objets autour de nous ;

7

dans un instant de repos, pris après les premiers lacets ; nos regards cherchent vainement à distinguer dans cette demi-obscurité les accidents de la vallée qui s'étend à nos pieds. Une teinte blanchâtre marque seule la place de la ville ; il est impossible encore de distinguer les maisons. Le calme le plus complet règne sur la nature endormie. On entend distinctement le bruit de la Lauze, torrent de la vallée d'Ascou que nous allons suivre jusqu'à sa source ; plus sourd le bruit de l'Ariège se mêle comme un accompagnement profond au bruit de la chute d'eau voisine. Pas un souffle de vent n'agite les branches des arbres rabougris qui poussent à travers les rochers ; quelques champs cultivés marquent leur place par la teinte jaune des blés coupés ; au moment où nous reprenons notre marche, le bruit strident d'un sifflet de machine à vapeur déchire l'air. Nous savons par les incidents de la veille que la voie ferrée n'arrive pas encore jusqu'à Ax ; ce sifflet est pourtant celui d'une locomotive, mais d'une locomotive-routière, *Theodoros*, machine de la compagnie des forges, qui commence son travail et remorque les wagons de minerai, chargés la veille au soir, que la nuit a forcé de laisser en route, car le service de la locomotive s'arrête avec le jour. A cette heure matinale, la vapeur recommence déjà son office, et, par un singulier effet du hasard, c'est

Theodoros qui représente la civilisation.

Le chemin, fort bon du reste, point trop encombré de pierres, monte toujours raide la pente abrute ; nous marchons en silence, nous consolant de cette marche pénible par la pensée de la difficulté que nous eussions éprouvée à escalader cette série de rampes sous les rayons du soleil. Il faut reconnaître toutefois que cette entrée en matière est assez pénible.

Enfin, le chemin cesse de monter aussi rapidement et son horizontalité refait un peu nos forces ; la partie de la vallée que nous parcourons est assez riante, les champs cultivés arrivent jusqu'à la moitié de la hauteur des montagnes qui l'enserrent et on est émerveillé de la patiente obstination qu'il a fallu déployer pour gagner ainsi sur la montagne le terrain destiné à fournir le seigle, le blé, le sarrazin et le fourrage destinés à nourrir bêtes et gens. Le village d'Ascou apparaît sur le versant opposé de la vallée de l'autre côté du torrent ; nous passons bientôt devant cette agglomération de maisons d'un aspect assez riant, avec ses murailles blanches couvertes d'ardoises qui ont de loin fort bon air, peut-être n'en est-il pas de même de près.

Le jour s'est levé, le soleil commence à rougir le sommet des montagnes. En regardant en arrière, on voit la paroi ouest de la vallée d'Ax éclairée par les rayons du soleil. Une vive lueur d'aurore illumine le ciel à l'ouest. Ici se voient manifestement les traces d'orages des jours précédents ; les feuilles qui jonchent le sol, les amas de pierres roulées par la pluie jusqu'au bas des pentes abruptes ne laissent pas le moindre doute à cet égard, par instants, la route est encombrée de ces débris ; mais, fait à noter, il n'en est pas ainsi lorsqu'au lieu d'un terrain rocailleux ce sont des parties gazonnées qui bordent le chemin : nous aurons l'occasion de revenir plus tard sur ces particularités intéressantes.

Un peu plus loin la route quitte la rive gauche de la Lauze et, vis-à-vis d'une scierie en ruine, un pont nous conduit sur la rive opposée. En face, s'ouvre une vallée traversée par un ruisseau peu important; le riou Carou qui descend d'un petit cirque assez régulièrement arrondi dont le point principal est le pic Dolent. Le côté opposé de la vallée d'Ascou est bordé au sud par une longue arête continue qui sépare la vallée d'Ascou de celle d'Orlu. Ce chaînon est très beau à cause de son altitude considérable et des forêts qui couvrent ses flancs à une grande hauteur. Après avoir dépassé le pont, nous laissons à gauche une route qui remonte dans une vallée à direction sud-ouest-nord-est, route qui par des lacets rapides escalade la montagne et fait communiquer la vallée d'Ascou avec celle de Rebeuty. Inclinant un peu au sud d'abord, au nord ensuite, nous

arrivons aux pieds des bois de Bac de Ca-
burlet. Les gorges sont maintenant nombreuses et de plus en plus larges. Sur le
côté gauche de la vallée des torrents en
descendent qui viennent se jeter dans la
Lauze dont la force diminue notablement;
par instants la vallée se resserre et le chemin construit avec des quartiers de rochers forme sur le côté du ruisseau une
sorte de corniche.

Plus loin l'aspect du pays change, nous
arrivons dans les parties tout à fait supérieures de la vallée qui se termine par une
hauteur dépourvue d'arbres sur laquelle se
voit l'échancrure du port de Paillères. Sur
les pentes dénudées des quartiers de roches schisteuses en forme de dalle d'une
hauteur d'un mètre environ, fichées en
terre à la manière des pierres druidiques,
marquent le chemin qui s'élève en lacets
assez raides.

Avant d'aborder cette partie de la route,
nous nous arrêtons un instant pour jeter
un coup d'œil en arrière et tâcher d'apercevoir le reste de la caravane.

Mais aussi loin que le regard peut s'é-
tendre, on ne voit pas être qui vive. Depuis longtemps, la dernière maison habitée, une sorte de ferme-hôtellerie, est restée
derrière nous, et pas l'ombre de voyageur
sur la route que nous venons de parcourir. Il est 7 heures et demie, le frugal
repas du départ n'est plus qu'un souvenir;
aussi au désir d'apercevoir nos compa-

gnons de route se mêle sans doute le souvenir de ce portefaix aux longues oreilles qui porte sur son dos les victuailles auxquelles nous réservons bon accueil. Peine inutile ; comme sœur Anne, nous ne voyons rien venir, et force nous est de commencer la rude montée du port de Paillères sans avoir pu réconforter notre courage par la pensée consolante d'un prochain déjeuner.

Cette partie de la route est un peu pénible ; à la fatigue de cette escalade se joint le désagrément d'un soleil de feu. Le chemin monte en lacets et les pierres qui jalonnent la route sont terriblement nombreuses ; une distance de quinze à vingt mètres les sépare, elles servent à marquer la route pendant l'hiver, alors que la neige couvre tout le pays. Cette précaution s'explique aisément, car, outre que ce col est très fréquenté par les habitants du canton de Quérigut, qui doivent franchir ce passage pour se rendre à Ax, le service des postes se faisait autrefois par ici, les lettres de Quérigut devant passer en toute saison par Ax. Aujourd'hui, les dépêches prennent la voie de Quillan, mais la gendarmerie fait encore régulièrement son service de correspondances réglementaires par cette route difficile.

De temps à autre, nous faisons halte pour respirer un peu, et, comme nos regards se portent toujours vers la partie inférieure de la vallée, nous avons bientôt la satisfaction d'apercevoir le gros de la caravane.

Arrivés à un point où la pente devient moins raide, nous nous arrêtons, indécis du point à choisir pour procéder à la délicate opération du déjeuner. — Le gros torrent que nous avons remonté depuis l'aurore s'est successivement réduit à un mince filet d'eau, dont les allures calmes et innocentes ne rappellent guère les flots impétueux du ruisseau d'Ascou ; par instants, ce qu'il en reste forme un petit ruban argenté qui traverse les prairies et qu'entourent à une certaine distance deux berges plus élevées, bords vrais du ruisseau au moment de la fonte des neiges ; par endroits, ce mince filet d'eau disparaît lui-même sous un amas de rochers émiettés que recouvre un tapis de verdure : l'eau est claire et limpide, elle fuit d'un cours presque insensible, et comme il n'y pas depuis longtemps le moindre arbre, le plus petit arbrisseau qui puisse offrir son ombrage tutélaire à la caravane et la soustraire aux rayons du soleil, nous cherchons un point où les rochers puissent nous rendre un service analogue ; mais c'est peine perdue et nous nous installons, sans prolonger plus longtemps nos investigations, dans un repli de terrain où l'astre brillant du jour darde ses plus chauds rayons. Nos compagnons viennent bientôt, l'un après l'autre, se profiler sur l'horizon formé par la paroi opposée de cette façon de ravin où nous sommes. Le quadrupède aux victuailles arrive enfin du pas le plus tranquille; modeste et résigné, il ne paraît nullement orgueilleux d'avoir si longtemps captivé notre attention aussi symphatique que peu désintéressée. On parvient, non sans peine, à les faire descendre, lui et son compagnon, jusqu'au bord du ruisseau, d'où ils ne doivent pas trop approcher toutefois, car leurs ébats troubleraient cette eau limpide.

En un instant tout le monde est installé pour déjeuner, les uns assis sur des rochers, d'autres sur le gazon court et serré d'une élasticité plus sensible; les plus prudents restent sur le bord de l'eau de façon à atteindre d'une main le buffet, de l'autre la buvette.

Si l'on en juge par les nombreuses mouches accrochées au sac des provisions et à l'âne, la carte doit être brillante, car ces insectes ailés sont là par milliers : à chaque mouvement de maître aliboron, cet essaim se déplace, mais pour revenir avec obstination se coller aux flancs de la pauvre bête. L'âne agite vainement la tête et la queue, secoue sa peau de ce frémissement particulier aux animaux de son espèce et frappe le sol de ses pattes pour s'en débarrasser. Voyant ses efforts inutiles, l'âne que l'on a déchargé de ses sacs se met philosophiquement à tondre l'herbe autour de lui.

Pendant ce temps on a déficelé toutes

les provisions; le vin est dans ces grandes
outres en peau que connaissent bien tous
ceux qui ont un peu couru les montagnes ;
des poulets ficelés dans du papier d'une
façon primitive, des tranches de jambon
encastrées dans le milieu des *miches* de
pain éventrées pour la circonstance, des
œufs durs soustraits par cet artifice aux
dangers d'une casse malencontreuse, tel est
le menu détaillé auquel s'ajoute, comme
dessert, du fromage. J'oubliais la partie
importante, capitale du festin, celle qui
était destinée à rendre les poulets moins
secs, le jambon moins rance, les œufs
moins lourds et le fromage plus frais, je
veux dire un appétit merveilleux à faire
pâmer d'aise Grangoussier lui-même, de
dévorante mémoire.

Dire que le repas fut gai serait tout à
fait inutile : après les premiers coups de
dents qui furent presque silencieux, les
langues se délièrent et l'on se conta les
incidents du voyage; parmi eux, le moins
récréatif n'était pas l'histoire du second
aliboron, de celui que le doyen de la petite troupe enfourchait de temps à autre.
Ce rusé compère (je parle d'Aliboron II)
s'en allait donc joyeux et serein, prenant
peut-être en pitié son compagnon qui portait les provisions. Quant à lui, libre de
ses mouvements, il avait fait une bonne
partie de la route sans encombre, à part
les rares instants où sa maîtresse lui ad-
ministrait les coups de bâton destinés à le

détourner de ses tentatives de vagabon-
dage. Les choses allèrent ainsi jusqu'au
commencement de la montée du col, mais
là le doyen de la troupe jugea prudent
d'utiliser sa monture ; tel n'était pas l'avis
de l'animal intéressé qui, dès que le cavalier fut en selle, protesta à sa manière en
refusant d'avancer ; en vain, pour stimu-
ler son ardeur, la conductrice lui dis-
pensa-t-elle, d'une main généreuse, force
coups de bâton ; l'entêté refusa de se rendre à ces raisons, et, par un stoïcisme qui
chez lui méritait un autre nom, il sut dominer la douleur pour se renfermer dans
une inertie calculée. Cette conduite eut
un plein succès, le cavalier dut mettre
pied à terre et faire le chemin sans le secours de l'âne.

Le repas et ses quatre services furent
promptement terminés ; chacun, de son
côté, reprit ses recherches interrompues
par le déjeuner, les botanistes augmen-
tant leur récolte de plantes, les entomolo-
gistes réunissant coléoptères et hémiptè-
res dans des flacons d'où s'échappait une
odeur de benzine bien étrange en ces
parages.

Il était 9 heures et demie, et il fallait
compter sur une bonne demi-heure d'ascension pénible pour arriver au point cul-
minant ; aussi, comme le soleil devenait
de plus en plus brûlant, le prudent direc-
teur de l'excursion rallia bientôt tout le
monde. Les sacs, les boîtes de botanistes,

les gourdes et autres *impédimenta* furent
chargés sur les épaules de leurs proprié-
taires, et après avoir comblé l'ânière de
nos largesses en vivres et en numéraire,
nous souhaitâmes le bonjour à l'habitante
d'Ax qui retournait au logis avec ses deux
compagnons à quatre pattes.

Tout le monde est bientôt en route ; il
n'y a plus le moindre semblant de chemin,
mais les pierres fichées dans le sol de distance en distance marquent toujours la
direction à suivre. La pente uniformément
raide, s'élève sur un tapis gazonné où les
souillers cloués et les bâtons ferrés rendent de signalés services. La petite troupe
s'égraine petit à petit sur cette pelouse en
forme d'entonnoir où on ne voit rien et où
règne une chaleur torride. Il faut sortir
de là et parvenir le plus tôt possible au sommet du col. Laissant derrière le gros de la
bande, je m'achemine vers une pierre qui
semble marquer le point le plus élevé,
mais ma déception est grande car une
vingtaine de monolithes m'apparaissent à
la suite du premier, dessinant une courbe
qui monte en écharpe jusqu'au col. Je re-
pars, m'assignant pour but à atteindre le
quatrième monolithe, puis encore le quatrième après celui-là et ainsi de suite pendant une bonne demi-heure, j'arrive ainsi
jusqu'à un point élevé d'où j'aperçois à
quelques pas en avant des piquets en bois,
semblables à ceux qui supportent les fils
télégraphiques, soutenus à leur base par

un cône en maçonnerie d'une assez grande hauteur ; au-dessus d'eux plus de montée, mais le ciel bleu ; c'est le col.

Comment décrire le magnifique et grandiose coup d'œil dont la vue fit oublier à tous les membres de l'excursion les fatigues d'une pénible ascension. Précisons d'abord la situation du col de Paillères. La partie de la chaîne sur laquelle il est situé fait partie de la ligne de partage des eaux de l'Europe ; elle sépare le bassin de l'Atlantique du bassin de la Méditerranée et relie les Pyrénées aux Corbières occidentales, celles-ci communiquant par la Montagne-Noire avec les Cévennes. Le point où cette chaîne se détache à angle droit des Pyrénées est marqué par le pic de Carlitte (2921 mètres) ; de là, le chaînon principal se dirige assez régulièrement vers le nord, séparant l'Ariége de l'Aude, et, plus loin, l'Aude du l'Hers.

Le paysage que nous avions sous les yeux formait un très beau panorama de montagnes enchevêtrées, et ce ne fut pas trop de toute la science de M. Jeanbernat et de sa parfaite connaissance de la chaîne pour débrouiller ce chaos grandiose de chaînes, de sommets et de vallées. L'échancrure du port de Paillères est limitée au sud par les contre-forts du Tarbesou, au nord par le pic de Fontnègre. Plus en avant et à une grande distance, se voit une ligne ondulée qui marque la paroi ouest de la vallée de l'Ariège. Au-dessus une seconde crête s'incline rapidement vers le nord ; elle est formée par la ligne de faîte de la chaîne qui sépare la vallée de Vic-dessos de celle du Salat. Enfin, tout à fait au loin, fermant l'horizon, la chaîne des Pyrénées principales ; sur la partie la plus extrême à notre droite sont trois pics couverts de neige : le Montcalm (3080), le Montrouch (3073) et le Montvallier (2859).

Ce paysage embrasse, comme on le voit, une grande étendue de terrain. Le regard, franchissant l'espace par dessus les vallées, voit se développer des accidents de terrains formidables. La première impression que l'on éprouve en voyant ces pics, ces chaînons, amoncelés presque sans ordre, est un singulier sentiment de surprise ; mais peu à peu le chaos se débrouille, on se rend compte de la position respective des sommets, de la direction des chaînes, et tout ce vaste relief prend alors une signification plus complète sans rien enlever à ce sentiment d'admiration qui prédomine toujours devant les grands spectacles de la nature.

Mais un nouveau paysage non moins curieux nous attendait sur l'autre côté du port de Paillères, quand après avoir quitté le versant de l'Atlantique, nous pûmes examiner celui de la Méditerranée.

Le contraste est surprenant, jamais changement à vue ne fut plus complet, car il porte sur tous les points du tableau à la fois. Le ciel est moins beau de ce côté, quelques nuages apparaissent çà et là dans l'espace, mais une grande élévation permet de voir très distinctement les moindres accidents de terrain.

Dans le creux des rochers qui descendent brusquement sur le fond de la vallée, de grandes flaques de neige ont résisté aux ardeurs de l'été ; plus loin apparaissent quelques pitons escarpés ; plus loin encore, une succession de montagnes, de formes bien différentes de gauche à droite. Ce sont d'abord trois ou quatre sommets bien dessinés et dont les cônes réguliers se profilent sur le ciel ; l'un d'eux, le plus élevé, porte le nom, sur la carte de l'état-major, de pic de la Cafin ; il est situé au-dessus d'Usson et du confluent de la Sonne dans l'Aude. Plus à droite, s'étend un grand espace qui semble, vu du point où nous sommes, parfaitement plat ; c'est le plateau de Quérigut, le Donnezan proprementdit, dont la limite sud est marquée pour nous par le Tarbesou, tandis que la limite est se trouve représentée par une longue ligne d'un noir foncé, qui se perd à droite ; derrière des escarpements rocheux est la forêt du Carcanet, surmontée d'une autre ligne non moins sombre, la forêt et la montagne de Madres.

Cette sèche énumération ne saurait rendre l'impression produite par ce merveilleux paysage ; il est entièrement différent de celui que nous avons vu il n'y a qu'un instant. Celui-ci, composé de pics très élevés, de vallées très profondes, amoncelés et enchevêtrés, rappelait tout à fait les caractères des Pyrénées centrales. Sur le versant méditerranéen, les sommets font défaut, sauf à gauche, du côté d'Usson ; ce qui domine, ce sont les larges plateaux couverts de forêts ; ce caractère est tout particulier aux Pyrénées de l'Aude. Disons toutefois que cet aspect d'ensemble est tout à fait trompeur, car le pays est loin d'être aussi plat qu'il le paraît ; de profondes ravines le sillonnent, des torrents impétueux le traversent. A la base des plateaux boisés, on voit même des accidents de terrain tout à fait extraordinaires, tels que les gorges de l'Aude et de l'Aiguette, dont on ne saurait, d'ici, deviner l'existence. En somme, cette vue, sans avoir la sauvage grandeur des panoramas de la haute chaîne, présente un charme particulier, qu'elle doit justement à ces plateaux couverts de forêts, qui en forment le caractère principal.

Après avoir examiné en détail ce paysage, nous dûmes reprendre la route de Mijanès. Deux moyens s'offraient à nous : on pouvait descendre directement vers le fond de la vallée à travers les rochers, ou suivre un chemin taillé en corniche dans une énorme masse calcaire située à notre gauche. Afin de rendre l'exploration plus complète, la petite troupe se divisa en deux groupes, chacun d'eux prenant une route différente.

En compagnie d'un autre excursionniste, nous prîmes la route la plus directe, et, à travers les rochers, nous descendîmes de concert les grands escarpements assez raides, mais nullement dangereux, qui limitent le col de Paillères du côté de l'est. Bientôt apparut sur la droite le massif montagneux du Laurenti, qui borne le Donnezan au sud et le sépare du Capsir. Vu le point où nous sommes, il apparaît comme un amoncellement de hauteurs aux formes bizarres, qui semblent former un chaos inextricable.

Arrivés au chemin, il fallut faire halte pour attendre nos compagnons qui avaient suivi l'autre chemin, et nous étions la depuis un moment lorsque se produisit un incident qui modifia notre détermination. Le ciel s'obscurcit en quelques instants et bientôt de larges gouttes de pluie vinrent frapper les rochers ; le tonnerre se fit entendre d'abord un peu éloigné, puis tout à fait au dessus de nos têtes ; plus de doute, c'était l'orage quotidien de ces montagnes, orage dont on nous avait parlé à Ax, qui, formé avec rapidité sur les sommets voisins, allait verser ses cataractes sur la vallée. Pour comble de malheur, nous n'apercevions pas la moindre habitation, les rochers qui nous entouraient étaient tout à fait insuffisants à fournir un abri quelconque ; il fallut donc s'acheminer vers la partie inférieure de la vallée pour chercher un abri contre la pluie devenue rapidement torrentielle.

Nous marchâmes longtemps ainsi sans apercevoir la moindre grange, la plus petite cabane ; enfin la toiture en ardoises d'une maison en contre-bas de la route vint frapper nos regards. On doubla le pas pour arriver à cet asile tutélaire, car la pluie tombait toujours avec fureur. La maison, qui semblait très proche, était en réalité assez éloignée. Nous pûmes enfin l'atteindre, et nos compagnons vinrent successivement nous rejoindre dans ce port de refuge. Il consistait en un vaste hangar entièrement fermé et exactement couvert. Déjà bon nombre de paysans, surpris par l'orage, avaient trouvé là un abri ; notre arrivée fit presque une révolution et les boîtes d'herborisation surtout furent le prétexte d'une foule de questions saugrenues. Ces braves gens ne comprenaient pas que l'on vint de si loin pour chercher *des herbes*, et leur curiosité s'efforçait de trouver dans la valeur vénale de ces plantes ou dans leurs usages pharmaceutiques l'explication d'une conduite qu'ils étaient bien prêts de trouver déraisonnable. Les femmes surtout ne tarissaient pas de questions : l'une voulait savoir les propriétés de telle ou telle espèce qu'elle désignait fort vaguement ; une autre déclarait que telle personne qu'elle nommait s'était trouvée très bien d'une tisane particulière dont les ingrédients avaient été recueillis dans un champ voisin.

8

Nous faisions tête de notre mieux à cette avalanche de questions : mais ce ne fut pas sans un véritable sentiment de délivrance que nous vîmes la pluie cesser et le temps s'éclaircir. Peu à peu tous les habitants de la Métairie (c'est ainsi que l'on désignait ce hangar), quittèrent la place non sans nous saluer respectueusement, et, à notre tour, nous reprîmes le chemin de Mijanès assez mécontents de ce contre-temps qui avait singulièrement gâté notre journée.

Cette cause ne fut pas sans influence sur l'espèce d'indifférence qui domina nos esprits, arriver et arriver vite semblait être notre seul but. Au bout d'une heure de marche, nous faisions une entrée peu triomphale dans le hameau de Mijanès, et, après avoir demandé le chemin de la maison Dubuc, nous pénétrions bientôt sous le toit où nous devions trouver pendant quelques jours bon souper et bon gîte.

Mijanès est un hameau assez important bâti sur la rive gauche de la Bruyane, torrent descendant des montagnes qui entourent le port de Paillères et que viennent successivement grossir tous les ruisseaux qui ont leur origine dans la partie ouest-sud du Donnezan.

Cette vallée qui présente en certains points, notamment à la base même des escarpements du port de Paillères, une certaine largeur, est ici fort resserrée, et n'a pour ainsi dire pas de thalweg ; le lit du torrent en tient la place. A gauche et à droite les rives se relèvent brusquement, d'où, pour la construction des maisons du village, d'assez notables difficultés qui n'ont pu être vaincues qu'à l'aide d'artifices et non sans déterminer certaines bizarries assez curieuses. Ainsi, toutes les maisons sont construites de la même façon sur le même axe perpendiculaire à la direction du torrent, et par conséquent dans la direction sud-nord ; mais, tandis que le côté nord est très bas, le côté sud présente un étage de plus. La salle dans laquelle on entre de plein pied du côté nord est au premier sur la façade du sud. Notons encore que toutes les maisons couvertes d'ardoises sont assez propres extérieurement et séparées les unes des autres par des rues en escalier pour la plupart, pavées ou dallées d'une façon on ne peut plus primitive. Cette déclivité du sol explique pourquoi on chercherait vainement une place dans la ville de Mijanès. L'église est une modeste construction qui serait difficile à distinguer des autres maisons, n'était la croix de fer qui orne son porche.

Grâce à l'arrivée des bagages, les plus trempés d'entre nous purent faire un bout de toilette, précaution très hygiénique ; puis après un confortable diner très proprement servi, chacun prit le chemin du lit. Avant de regagner nos chambres, toutes les instructions avaient été données pour le lendemain ; à 4 heures, tout le monde devait être prêt à partir ; deux mulets étaient mis à notre disposition pour porter l'un les provisions pour deux repas, l'autre les bagages et surtout les couvertures, car nous devions coucher dans la montagne ; ce dernier devait, en outre, présenter des qualités de douceur suffisantes pour permettre, le cas échant, d'utiliser ses forces à porter celui des voyageurs que la marche fatiguerait trop.

III

LA VALLÉE DE BOUTADIOL ET LE LAC DU LAURENTI

Le lendemain matin, vers cinq heures, chacun des excursionnistes fut prévenu que le moment du départ était arrivé. L'hôtel Dubuc, jusque-là silencieux, se remplit de bruit, les mulets vinrent se ranger dans la cour, on les chargea de leurs fardeaux ; en un instant tout le monde fut prêt à se mettre en route. La caravane défila dans les rues de Mijanès, déjà animées par les allées et venues de quelques indigènes se rendant à leurs travaux, et, après avoir franchi le pont de bois jeté en travers de la Bruyante, elle suivit la route de Mijanès à Quérigut.

Il s'agissait d'aller visiter le lac du Laurenti ; seulement, afin de rendre la course plus fructueuse pour les naturalistes, en leur permettant de contrôler les assertions de Pourret, et aussi pour faire passer sous les yeux des touristes les paysages les plus variés, il avait été décidé qu'on irait le premier jour dans la gorge de Boutadiol, où on coucherait, pour atteindre le lendemain le lac du Laurenti.

La distance qui nous sépare de la partie véritablement montagneuse de la course est assez promptement franchie. Quelques pâturages, dont l'humidité est le principal désagrément, puis une montée assez raide, afin d'éviter de faire un long détour, nous conduisent, au bout d'une heure environ, près du ruisseau qui descend du Laurenti, ruisseau que Pourret suivit lorsque, venant de Quérigut, il aborda cette partie de la chaîne alors complètement inconnue. On fait halte près d'un ruisseau minuscule, dérivation à travers les prairies du grand torrent qui mugit à quelques pas. Là les groupes, qui s'étaient éparpillés dans les pâturages, se retrouvent, et en attendant les mulets, qui ont dû faire un long détour, on se désaltère un peu, car cette montée a dignement inauguré la journée. Le soleil, qui s'est levé au-dessus des montagnes de l'Aude, est déjà haut sur l'horizon. Profitons de cette halte pour nous orienter un peu.

Au sud, nous faisant face, se dresse une longue chaîne hérissée de pics, fort respectables quant à leur hauteur, qui envoie un petit chaînon tout près de nous. C'est le *roc de l'Ermite* au-dessus duquel s'élève un autre sommet appelé le *Roc Vert* (1956 m.). Ce chaînon se continue par une arête, avec laquelle nous ferons plus ample connaissance tout à l'heure, jusqu'au *pic del Ginèvre* (2387 m.) dont le versant sud regarde du côté du Capsir et fait partie du petit bassin du ruisseau de Rieutort.

Du pic del Ginèvre se détache, vers l'est, l'arête qui sépare le Capsir du Donnezan, et qui va se terminer plus loin que le col des Ares, au *pic du Bois-Noir*, sur les bords de l'Aude.

Laissant de côté cette partie que nous examinerons plus tard, occupons-nous de la chaîne qui se détache à l'ouest du *pic del Ginèvre* et qui, après avoir décrit un arc de cercle, va aboutir au *pic de Tarbesou*, près du port de Paillères.

Cet arc de cercle n'a pas une forme géométrique régulière, et il se subdivise en deux parties séparées par le *pic du Roc Blanc* (2,543). La première est celle que nous avons devant nous et dont nous apercevons les principaux sommets, le *pic de la Trune*, le *pic de Campras* (formant par son versant sud la porteille d'Orlu) et le *Roc Blanc*. Elle forme le haut bassin du ruisseau du Laurenti et sépare ce dernier du vallon de Galba.

La seconde partie, trois fois plus étendue, va du Roc Blanc au Tarbesou, et présente, comme sommets importants, le *pic de la Camizette* (2,505) ; le *pic de Ba-couillade* (2,249) ; le *pic de Valbonne*, le *roc de Braguès*, enfin le Tarbesou. Cette haute chaîne limite le Donnezan au sud et fait partie de la ligne de partage des eaux de la France, car elle sépare le bassin de la Bruyante, affluent de l'Aude, du bassin de l'Oriège, qui se jette dans l'Ariège, après avoir traversé la vallée d'Orlu. Ce bassin se subdivise à son tour en trois vallées secondaires ; l'une, celle de Barbouillères, à laquelle appartiennent le *Roc Blanc* et le *pic de la Camizette* ; le premier, envoyant vers le nord un chaînon, situé à l'ouest du lac du Laurenti, et qui se termine au *Roc de Fonteils* (2,151), tandis que l'autre fournit un chaînon parallèle au précédent et qui aboutit au *pic du Soula*.

La seconde vallée est celle du ruisseau de Valbonne, limitée au sud par le *pic de Baxouillade* et le *pic de Valbonne* ; ce dernier se prolonge vers le nord par un contrefort qui se termine au *roc d'Artounant*. Dans la partie haute de cette région, se trouvent trois lacs de petites dimensions.

La troisième vallée, beaucoup plus compliquée, s'étend du pic de Valbonne au Tarbesou. Toutes les eaux venues de cette haute chaîne, sur laquelle sont situés le *roc de Liauzès* (2,165) et le *roc de Braguès*, se réunissent pour former le ruisseau de Rabasolles et trois grands lacs désignés par les noms de lacs de Rabasolles, lac Bleu et lac Noir. Du point où nous sommes, nous ne voyons que les hauts sommets de cette région, dont tous les détails eurent besoin pour être éclairés du secours de la carte du dépôt de la guerre et des explications du docteur Jeanbernat (1).

Le programme de la journée consiste dans l'exploration du côté est de la vallée du Laurenti. On laisse donc les mulets suivre le chemin qui longe la rive gauche du torrent, chemin que prennent aussi ceux des excursionnistes qu'effraient un peu les difficultés probables de la route que nous allons suivre.

Pour commencer, il faut franchir le torrent, fort respectable en cet endroit. Ses eaux limpides roulent avec fracas dans un lit encombré de rochers aux angles émoussés ; les berges sont hautes, en talus presque dénudés ; pas de pont, bien entendu.

Après avoir cherché un endroit où le passage fût facile, on s'arrête là où il pa-

---

(1) La monographie du Laurenti publiée par MM. Jeanbernat et Timbal-Lagrave contient une carte dressée par M. Lazerges à l'échelle de 1/40,000, beaucoup plus nette que celle du dépôt de la guerre. Le même ouvrage renferme le récit des excursions faites dans les vallées de Barbouillères, de Valbonne et de Rabasolles.

raît le moins difficile et puis, ma foi, à la
garde de Dieu ; un petit bain ne tuerait
certes pas, mais une chute pourrait être
dangereuse : chacun fait des prodiges
d'équilibre pour se maintenir sur les rochers mouillés, et, en fin de compte, tout
le monde passe sans encombre. La montée
commence immédiatement ; elle est raide.
longue et pénible. Si bien qu'après avoir
grimpé pendant une demi-heure, en suant
et soufflant Dieu sait comme, nous apercevons toujours les trois pointes rocheuses
qui ont fait donner à ce piton le nom
fantastique de : *Les Trois Rocs de l'Ermite*. D'en bas, en effet, il y a trois saillies
que l'on peut appeler trois rocs. Mais
pourquoi ajouter de l'ermite ? Du diable si
jamais ermite a campé en ce lieu peu confortable, d'un abord nullement facile et
qui n'a d'autre avantage à offrir que celui
d'une belle vue sur le plateau de Quérigut.

A partir de ce point, la montagne du
roc Vert, que nous attaquons ensuite, est
couverte de pins bas, trapus, rabougris,
que dominent quelques sapins élancés. La
pente est toujours très raide, la chaleur
étouffante ; heureusement, tout a une fin,
même les montées les plus raides. Nous
atteignons la crête et aussitôt la scène
change. Au lieu du spectacle monotone
formé par la forêt de pins de tout à
l'heure, nous avons sous les yeux le merveilleux paysage de la vallée de Laurenti.

La gorge de Laurenti est une vallée à direction sud-nord. Du point où nous sommes, qui constitue la paroi. sud, le versant opposé nous apparaît avec une admirable netteté. Dans toute la partie inférieure, une épaisse forêt de sapins s'étend, comme une bande continue d'un vert sombre, que des éboulis ont en certains endroits entamée. Au-dessus, un amoncellement de débris détachés des sommets forme un chaos de roches blanchâtres qui paraît troué çà et là par l'effet des ombres. Immédiatement au-dessus se dresse une paroi verticale de rochers en place, d'un blanc cru, dont la ligne de sommet, très accentuée, est tout ce que l'on peut voir de plus irrégulier. Les lignes de ce paysage se relèvent à mesure qu'on approche du fond de la vallée, qui semble fermée par une sorte de pyramide, c'est le *Roc-Blanc*. Enfin, une sorte de barrière s'avance à peu près à mi-chemin de ce pic ; elle est couverte de sapins et fait ressortir encore, par sa sombre verdure, les tons clairs des parois verticales supérieures que le soleil éclaire d'une vive lumière. Et pas une maison, pas une cabane dans ce paysage désolé ; on se croirait vraiment au bout du monde.

Il faut cependant s'arracher à cette contemplation. La montée a pris du temps et l'on se consulte pour le parti à choisir : ou descendre vers la gorge de Bouladiol, ou remonter jusqu'au sommet du *Roc-*

Vert, qui, peu engageant, se dresse à
gauche. Après quelques instants de ré-
flexion, on se décide pour le premier parti ;
il s'agit de suivre, en tâchant autant que
possible de ne pas descendre, le côté sud
de la vallée, qui descend par une pente
rapide jusqu'au ruisseau caché par des
frondaisons épaisses.

Le petit sentier que nous prenons n'a
rien de particulièrement agréable ; il est
fort mal tracé et traverse des touffes de
rhododendrons d'une étendue considérable, où nos jambes s'embarrassent ; heureux encore quand il ne faut pas se plier
en deux sous les arbres de la forêt de Braguès qui poussent là en désordre ; souvent
le sentier disparaît dans un fourré impé-
nétrable. On cherche plus bas, plus haut,
et le flair des alpinistes consommés de la
bande parvient difficilement à retrouver
la trace du fil d'Ariane qui doit nous tirer
de ce labyrinthe. Plus on avance et plus
le sentier devient difficile ; la muraille
boisée du roc de Braguès, qui coupe la
vallée, n'est plus qu'à quelques pas, mais
il semble impossible d'y arriver, des rochers
éboulés en une sorte de cascade de pierres ne permettant pas de franchir la distance qui nous en sépare. La situation
manque de gaîté. Mais que faire ? En route
donc. On descend par une pente presque
verticale, où il faut s'aider des mains et
prendre les postures les plus grotesques
pour ne pas dégringoler. Les pierres rou-

lent sous les pieds menaçant à chaque instant d'atteindre les plus vaillants et les
plus habiles qui sont en avant. Chacun
fait de son mieux.

Enfin, après vingt minutes de cet exer-
cice, nous arrivons au pied du roc de Braguès. Une famille de résiniers, venue dans
ce coin perdu pour y faire son métier,
nous donne des nouvelles de nos amis qui,
rencontrés il y a quelques instants sur la
route, doivent être arrivés à l'heure actuelle près de la cabane de Boutadiol.

Cela donne du courage à la petite
troupe. On a promptement escaladé l'obstacle naturel qui sépare du déjeuner.
Bientôt des cris répondent à nos cris et
nous voyons à quelques mètres au-dessous
du roc de Braguès. un plateau herbeux sur
lequel se détache une saillie que, à certains signes, on peut reconnaître pour un
endroit tout récemment habité. On descend donc presque gaîment; bientôt la
table est dressée sur le gazon et les provisions reçoivent un formidable assaut.

Le point de la vallée où nous nous trouvons et qui a reçu des géographes inconnus, auteurs de son baptême, le nom de
gorge de Boutadiol, n'est certes pas un
lieu bien agréable ni bien riant. Qu'on
imagine deux murs de rochers parallèles
ou à peu près s'incurvant vers le sud pour
aller se rejoindre au *pic de la Trune*. La
chaîne de l'est présente deux sommets
importants : le *pic de Ginèvre* et le *pic*

de l'Eygue. Ces parois rocheuses, presque verticales, sont boisées, mais à travers les branches des pins on voit à nu la roche grise. Le fond de la vallée est entièrement plat, marécageux, traversé par un petit torrent et tapissé d'une herbe courte et serrée. Des roches blanchâtres, aux formes bizarres, émergent par endroits. L'une de ces éminences, plus développée, moins abrupte, a servi à asseoir ce qui va être pour notre caravane le logis d'un jour ; là, en effet, se trouve la cabane de Boutadiol.

Quant à la voir, il n'y fallait pas songer ; ce n'était, en effet, ni un de ces caravansérails peu confortables et peu écossais dans leur fonctionnement, un de ces hospices enfin qui semblent nommés ainsi par antiphrase, et que l'on rencontre au pied des passages importants de la chaîne ; ni un de ces chalets suisses, dont le nom trop poétisé rend mal la destination et l'aspect souvent peu riants ; encore moins fallait-il s'attendre à trouver là une vraie maison avec de vrais murs et un vrai toit ; ce n'était rien de tout cela. Mais, dira-t-on, qu'était-ce alors que la cabane de Boutadiol ?

Pour le dire tout de suite, cette cabane ne ressemblait guère à une construction humaine ; c'était un compromis entre la maison des êtres civilisés et la hutte des sauvages : point de mur, pas de fenêtre, mais simplement un toit sous lequel il fallait se glisser car la tête touchait au

plafond. Pour la construire, j'imagine
qu'on avait dû agir comme suit : après
avoir choisi un endroit favorable, c'est-à-
dire assez incliné pour que la partie élevée
du terrain put faire fonction de mur, on
avait planté horizontalement dans le sol
une branche à peine dégrossie, dont la
partie libre était supportée près de son
extrémitée par deux branches croisées en
chevalet; appuyant ensuite sur cet axe
une série de bûches de longueur graduellement croissante on avait pu former une
sorte de double plan incliné. Cela pouvait déjà protéger du soleil ou de la rosée,
mais non de la pluie. Afin de compléter
l'édifice, à l'aide de matériaux placés sous
la main des architectes par la nature, on
a eu recours à un procédé excellent quoique primitif. Des plaques de gazon herbeux furent découpées dans le sol et appli-
quées sur le toit qu'elles recouvrirent
entièrement à la manière des tuiles ou des
ardoises. Mais, pour faire de cela une habitation, il fallait qu'il fut possible d'y bra-
ver les grands froids, fréquents, même au
milieu de l'été, dans ces hautes régions.
Inutile de dire qu'une cheminée avec un
tuyau de conduite pour la fumée était impossible à construire; on se borna donc à
faire un foyer dans l'intérieur de cette
hutte, et, pour cela, un mur fermant à moitié l'ouverture triangulaire de la façade
fut construit à l'aide de pierres superposées et alignées; elles obstruèrent les trois

quarts de l'ouverture et, n'arrivant pas
jusqu'au faîte, laissèrent une ouverture
latérale pour les habitants, une autre supérieure pour la fumée.

Cette fois les architectes furent satisfaits de leur œuvre, car ils ne jugèrent
pas à propos de pousser plus loin dans la
voie des améliorations. Sûrs désormais
d'être abrités contre les graves intempéries, ils purent envisager avec plus de
quiétude la perspective de passer de longs
jours dans ce lieu solitaire pendant que
leurs troupeaux se nourriraient en brou-
tant aux environs. La cabane de Boutadiol, en effet, est l'œuvre des bergers,
qui viennent chaque année, pendant un
laps de temps plus ou moins long, faire
paître les vaches et les moutons dans ce
triste vallon. Nous pûmes examiner à
loisir cette singulière construction, pendant que les botanistes remontaient la
gorge de Boutadiol pour herboriser au
pied des rochers ; la récolte était abondante, car nos compagnons marchaient
lentement.

Il faisait à ce moment une chaleur
étouffante ; le ciel s'était peu à peu couvert de nuages de mauvais augure ; joignez à cela le désagrément d'une nuée de
mouches qui bourdonnaient à nos oreilles
ou planaient devant nos yeux avec une
obstination qui triomphait de tous nos efforts, et vous avouerez sans doute que la
position n'était pas extrêmement agréa-

ble. En vain essayâmes-nous de dormir sous la cabane d'abord, sous les pins des environs plus tard ; ces damnés insectes, abusant des ailes que la nature leur a fournis, nous suivaient partout.

Le temps se gâtait décidément; les nuages s'amoncelaient sur nos têtes, et lorsque le regard se portait vers les parties basses de la vallée, on découvrait promptement deux orages formés, l'un vers le sud-est, l'autre vers le nord-est. Bientôt le tonnerre retentit dans les deux directions, et les orages se rapprochant davantage, nous vîmes les éclairs se succéder rapidement dans les deux directions ; la plupart d'entr'eux avaient la forme de lignes brisées en zig-zag qui se détachaient en trait de feu sur le fond noir des nuages avec une netteté surprenante. Le bruit du tonnerre suivait de très près, et au tapage formidable de la décharge électrique succédait une série de roulements sourds produits par les échos successifs de toutes les vallées. Longtemps nous observâmes avec curiosité ce phénomène toujours si attachant, mais l'orage arriva bientôt jusqu'au dessus de nos têtes, et, franchissant les crêtes du côté nord, il nous força à battre en retraite et à chercher un abri dans la cabane. Par deux fois le bruit du tonnerre fut si rapproché, la lueur de l'éclair si vive, que certainement les parois de la vallée ou les sommets qui la limitent durent être frappés de la foudre.

La pluie qui s'était mise de la partie, ayant cessé, nous pûmes quitter notre retraite. Le fond de la vallée était marqué par une sorte de rideau brumeux, au travers duquel nous cherchâmes en vain à découvrir nos compagnons. Sans doute, pensions-nous, ils avaient trouvé un abri sous quelque voûte de rocher ; en tout cas, nous dépêchâmes au-devant d'eux quelques parapluies. Pendant ce temps, l'orage grondait toujours vers la partie basse de la vallée. Comme au début, c'était surtout au sud-est et au nord-est que les nuages étaient principalement amoncelés. Peu à peu les coups de foudre devinrent plus rares et tout se dissipa, laissant seulement à l'horizon une sorte de ligne de nuées peu épaisses.

Enfin nos compagnons arrivèrent, mais dans quel état, grands dieux ! trempés jusqu'aux os et grelottant de froid ; heureux, il est vrai, de leurs récoltes botaniques, mais fort mécontents de cet orage qui les avait surpris inopinément au milieu de leurs recherches.

Les couvertures, les manteaux furent mis en réquisition, et on alluma un grand feu pour sécher les infortunés excursionnistes, qui se groupèrent là dans les costumes les plus bizarres.

La nuit était presque tombée lorsque le maître d'hôtel prévint les convives que le souper était servi. Le mauvais temps et la fatigue n'avaient pas sensiblement diminué l'appétit, et l'on mangea gaîment autour du foyer dont les flammes éclairaient de leurs lueurs les groupes debout ou assis de notre caravane. Pour terminer dignement la soirée, et, lorsque l'appétit fut satisfait, on se mit gaîment à conter quelques histoires, dictons ou facéties empruntés à ces recueils inédits que la bonne humeur et la gaîté gauloise du Français conservent plus sûrement que tous les documents imprimés.

Puis il fallut bien songer au coucher, la nuit était venue sombre, froide, laissant voir par instant seulement quelques étoiles scintillant au ciel. Le vent descendu des hauteurs emportait vers la plaine la fumée de notre feu de bivouac ; bientôt tout le monde se rapprocha de la cabane, l'avis d'un lever très matinal pour le lendemain hatâ pour une bonne part la retraite de la petite troupe.

Il n'était pas facile de résoudre le problème suivant : étant donnée une cabane de trois mètres environ de profondeur sur un de large, faire coucher 9 personnes. La solution fut rendue plus pratique par la bonne volonté de chacun, et aussi par la certitude que nécessité fait loi ; on s'entassa donc dans la cabane 4 au fond, 3 au milieu en contournant les jambes, en s'imbriquant contre les tuiles d'un toit. Sans doute, le sommeil qui guérit tant de maux, pouvait permettre aux voyageurs fatigués d'oublier une situation aussi peu ordinaire ; il n'en fut rien, les conversations continuèrent pendant longtemps, assez analogues à celles que doivent échanger les malheureux enfermés dans les cerles de l'enfer. Et pourtant, ô merveille ! un ronfleur endurci traçait par une mélopée fort significative l'exemple à suivre. Vaine démonstration ! Il ronflait toujours, mais les causeries et les récriminations allaient leur train. L'extinction de l'unique bougie qui éclairait ce fourmillement humain parut un moyen propice pour ramener le calme et la tranquillité, mais de bruyantes réclamations retentirent, qui réveillèrent le ronfleur lui-même. Ses objurgations mirent fin aux reproches amers des mécontents. De temps à autre quelque plainte retentissait, ou bien un mouvement se faisait dans cette masse informe ; mais, en somme, à partir de ce moment on dormait, ou du moins on sommeillait.

Au dehors, le vent s'était apaisé ; au bruit des rafales agitant les arbres de leurs secousses intermittentes avait succédé celui du torrent, grave, uniforme et doux. Rien ne troublait la tranquillité de cette nuit, pas un bruit autre que celui du ruisseau ne rompait le silence. Ce calme parfait de la nature endormie a, dans les montagnes, un caractère particulier qui pénètre l'âme et porte au recueillement ; quiconque a pu en goûter tous les charmes, ne fût-ce qu'une fois, ne saurait les oublier.

Au réveil on put constater la disparition de deux de nos compagnons ; mais, toute crainte sur leur sort fut promptement bannie. Installés près du feu, à l'abri des rochers qui nous avaient servi de salle à manger, les deux camarades dormaient la tête sous un parapluie faisant fonction de tente. L'idée était originale, elle valut aux inventeurs du procédé force félicitations.

Pendant ce temps le maître d'hôtel, toujours prévoyant, avait déjà allumé son fourneau et travaillait à la confection du chocolat. On se récria d'abord, personne n'avait faim ; mais le cuisinier savait par expérience l'excellent accueil qui attendait sa préparation. Il en fut ainsi, en effet ; puis chacun se mit en marche après avoir repris tous les *impedimenta* de la veille.

Il était quatre heures du matin. L'aube blanchissait à peine l'horizon sur lequel se montraient quelques nuages ; au-dessus de nos têtes les étoiles pâlissaient lentement ; le calme de la nuit se prolongeait encore dans l'aurore du jour qui se levait. En un instant, la colonne fut en marche, et, après avoir une dernière fois jeté les yeux sur la cabane de Boutadiol, que personne de nous n'oubliera, on se mit en route vers un petit sentier fort imparfaitement tracé, qui serpentait à travers les maigres sapins à notre gauche.

La montée de ce contre-fort qui sépare la vallée de Boutadiol de celle du Laurenti

était assez raide, mais à cette heure matinale la fraîcheur de l'air, cette allacrité
particulière qui domine chez le piéton
une fois les jambes un peu dégourdies par
les premiers pas, enfin la certitude de voir
de nouveaux spectacles, tout, en un mot,
contribuait à rendre la marche plus facile
et plus agréable.

Le soleil se leva bientôt au milieu des
nuages ; mais il eut peine à s'en dégager
et, pendant longtemps encore, chacun de
nous put se donner la satisfaction de fixer
des yeux l'astre du jour.

On avançait rapidement à travers les lacets de construction primitive qui servent
de route. Bientôt un bruit, connu de tous
les touristes qui fréquentent les montagnes, se fit entendre ; du haut d'un promontoire en saillie, au sommet duquel le
sentier passait en corniche, le regard plon-
geant à quelques centaines de mètres au-
dessous, montra des troupeaux nombreux
paissant sur le plan des Aiguettes.

Le chemin qui restait à parcourir était
peu considérable, la montée finissait en ce
point et après quelques minutes de descente, nous débouchions à travers les sapins sur la vallée du Laurenti, à quelques
mètres au-dessus du lac, dont on put
apercevoir bientôt la teinte bleu azur
foncé se détacher nettemet au milieu d'une
pelouse. Cette vue fut saluée par un hourrah énergique, signe de l'admiration, très
méritée du reste, que l'aspect de ce tableau

faisait naître chez les excursionnistes.

Le lac du Laurenti a la forme d'un cœur de carte à jouer, dont l'extrémité très émoussée, tournée vers l'Est, sert de déversoir aux eaux qui arrivent dans ce bassin naturel par l'extrémité opposée. Si la pointe est absolument formée par la ceinture de rochers qui forme en ce point la vallée, la constitution de l'autre extrémité est bien différente. On retrouve d'ailleurs ici les mêmes caractères généraux qui signalent les autres lacs pyrénéens.

Partout, en effet, où la disposition en cuvette de la roche en place a permis à l'eau venue des hauteurs de se collecter, un lac s'est formé, lac rocheux pour l'établissement duquel il ne semble pas nécessaire de recourir à une explication hypothétique quelconque.

Sans doute, dans d'autres cas, les phénomènes de l'époque glaciaire sont intervenus pour la formation de certains de ces grands réservoirs; ils ont formé, en un point rétréci d'une vallée à pente uniforme, une barrière de blocs morainiques qui a fait l'office d'un barrage naturel et dont les divers éléments cimentés par le sable et la boue glaciaires résistent encore après des milliers d'années à la poussée des eaux. Plus tard, les formes générales des bords et du fond, tant lacs rocheux que des morainiques, se sont modifiées : l'action du froid, toujours vif dans ces hautes altitudes où le rayonnement est à son maximun ; celle de l'eau, qui imbibe plus ou moins profondément chaque roche, suivant sa constitution, et la désagrège par la congélation ; enfin, le soleil, lui-même, contribuent d'autant plus énergiquemeut à la dégradation des roches qui forment l'enceinte des lacs que cette action s'exerce sans intermédiaire et avec des alternatives extrêmement brusques. Il faut y ajouter encore l'action des avalanches qui précipitent vers le fond de la vallée les débris arrachés à ses flancs et forment certains accidents de terrain fort curieux à observer, accidents parfaitement visibles au lac du Laurenti.

La paroi nord de la vallée, que nous avons devant nous, montre, en effet, une succession de plans dont la nature varie comme la constitution. En partant de la rive même, on observe d'abord une sorte de pelouse verte dont la pente est peu rapide et que trouent en certains points quelques roches blanches en place ; des sapins isolés, maigres et rabougris, poussent çà et là. Au-dessus, on voit un amoncellement de débris irrégulièrement entassés, provenant de la roche supérieure et qui sont d'un volume d'autant plus considérable qu'on se rapproche davantage des bords du lac ; l'action de la pesanteur indique pourquoi. Enfin, la roche en place est à nu à la partie supérieure où ses pentes rapides ne sont coupées que par de faibles anfractuosités. La ligne de faîte, irrégulièrement découpée, semble hérissée de pointes, de pics et de pitons.

Dominant absolument tout le pays, le Roc Blanc se montre presqu'immédiatement au-dessus du lac. Il est nu et pelé; quelques flaques de neige se voient sur ses pentes. Plus loin, en suivant ce côté nord du lac, les rochers qui le forment semblent s'encurver vers le sud jusqu'à un ravin étroit dont on aperçoit l'ouverture traversée par l'eau du ruisseau qui alimente le lac. Au-dessous de son point d'arrivée, ce torrent supérieur a accumulé une énorme quantité de débris; la majeure partie du sol nouveau, formé ainsi par les apports successifs de matériaux provenant des régions supérieures, s'est recouverte d'un humus favorable à la végétation; l'herbe y pousse, en effet, constituant, là où autrefois atteignaient les eaux du lac, une vaste pelouse sur laquelle se dessine en gris le lit du torrent, dont les berges sont restées rocheuses, et qui se termine par une sorte de *delta* aux branches sinueuses.

Vers la droite, le lac disparaît, le chaînon sur lequel nous sommes s'abaissant peu à peu et se terminant par un rocher qui forme l'un des côtés du déversoir.

Pour examiner le côté sud du lac, on descend jusqu'à la rive par le sentier qui serpente sous les sapins à travers des touffes de rhododendrons.

En se rapprochant du torrent, on peut

constater que l'aspect de la ceinture de rochers qui ferme le bassin a un aspect différent de ce côté ; elle est formée presque en totalité par les escarpements à pic de la partie du chaînon qui sépare le lac du Laurenti de la vallée de Boutadiol. Ici les éboulis sont presque insignifiants ; cela tient, selon toute vraisemblance, à ce fait que le soleil ne touche guère, sauf en été, à ces parois rocheuses ; d'où des transitions moins brusques de température, et, par suite, une désagrégation infiniment moins rapide de la roche en place.

Cette paroi n'arrive pas jusqu'au torrent d'alimentation ; une petite gorge s'ouvre au sud-est et une saillie rocheuse sépare celle-ci de la vallée principale.

En suivant toujours la berge du lac, on atteint le point d'arrivée des eaux. Là, s'étend une sorte de banc de gravier assez analogue à celui de nos rivières, avec cette différence toutefois que ces petits morceaux de roches ont des bords anguleux et non arrondis et qu'ils sont de couleur terne, toutes particularités qu'explique leur court voyage depuis la roche qui les a fournis jusqu'au point où ils se sont arrêtés.

Vue de ce point, la gorge supérieure se présente sous l'aspect d'une mince échancrure à parois sinueuses, dans le creux de laquelle se voient quelques amas de neige, et qui se termine par une sorte de col au-dessus duquel on ne voit que l'azur du ciel.

Laissant nos botanistes à l'œuvre, je me mets en devoir d'atteindre ce col. Le sentier est bien tracé, mais fort raide en certains endroits ; il franchit le torrent et monte sur la rive gauche que forment principalement des éboulis et de gros blocs de rochers ; la rive droite est à pic, tapissée de neige jusqu'au bord du torrent et envoyant même parfois un pont de neige au-dessus de l'eau très rapide. Vers le milieu de cet étroit couloir, la vue que l'on a, en regardant vers le bas, forme un joli paysage de montagne, car on aperçoit les eaux bleues du lac dont les grandes lignes calmes contrastent avec les parois rocheuses tourmentées qui les encadrent.

Au bout d'une demi-heure de montée, le chemin aboutit, par le petit col, à une sorte de bassin tourbeux sur lequel il se continue pour s'élever ensuite dans une gorge que termine un autre col limité à l'ouest par le pic de Campras, à l'est par un contrefort du pic de la Trune. Ce col débouche dans la vallée de Galba, tout près de la porteille d'Orlu, dans le Capsir par conséquent.

L'heure avancée ne permit pas à notre caravane de pousser plus loin l'exploration de cette gorge. Aussi bien, on avait donné rendez-vous à nos porteurs de vivres sur le bord du lac et il ne fallait pas leur manquer de parole ; ils en eussent été du reste moins punis que nous. Se bornant donc à explorer la région, cha-

cun se mit en devoir de rejoindre le lac.
Mais l'heure avançait et nos porteurs
n'arrivaient pas. La situation menaçait
de devenir fort ennuyeuse. Heureusement, le retard ne fut pas de longue durée
et bientôt nous vîmes les deux mulets déboucher à l'horizon.

La journée s'annonçait bien ; après une
excellente matinée, chacun pouvait espérer une soirée non moins agréable, et le
charmant repas, pris au bord du lac par la
petite caravane, n'était certes pas de nature à diminuer toutes nos espérances ;
par malheur, un fâcheux contre-temps,
assez ordinaire dans ces hauts parages,
vint tout gâter.

Comme le déjeuner tirait à sa fin, un
nouvel arrivant fit son apparition sur la
rive sud du lac, et sa présence en ce lieu,
à cette heure, produisit la plus fâcheuse
impression. Ce n'était rien pourtant, moins
que rien même : un petit nuage seulement,
et pourtant mille malédictions accueilli-
rent sa venue. C'est qu'en effet il annonçait une modification importante dans l'é-
tat de l'atmosphère, modification qui allait
enlever à notre excursion tout intérêt : il
annonçait le brouillard. Ce petit nuage
était un coureur détaché de l'armée de
nuées qui, venue de la plaine et poussée
par le vent, escaladait sans doute les hauteurs. Pendant que le premier courait lentement le long des pentes et remontait la
rive sud du lac, un second nuage apparut

au même point, puis un troisième, et chaque nouvel arrivant était plus considérable que celui qui l'avait précédé. Bientôt arriva le gros de l'armée, et dès lors tout espoir fut perdu pour nous.

Avant que cette masse brumeuse nous eut atteint, toutes les dispositions furent prises pour le départ ; on plia bagage, les mulets furent chargés, et on convint de descendre jusqu'à la cabane des Aiguettes pour faire le café.

Déjà les berges du lac disparaissaient sous la brume quand nous quittâmes ses rives, et, au moment de franchir la limite du bassin, ce fut en vain que les regards de plusieurs d'entre nous cherchèrent à percer le voile opaque formé par les nuées.

Quelques minutes plus tard, nous entendions distinctement le bruit des clochettes des troupeaux. Les conducteurs des deux montures avaient pris les devants, et nous suivions en bon ordre, uniquement préoccupés de ne pas nous égarer, car on voyait à peine le sentier.

Le berger des Aiguettes fit à la petite caravane le meilleur accueil ; il se prêta avec beaucoup de bonne grâce à l'exécution de notre dessein ; peut-être la perspective d'avoir quelques miettes du festin n'était-elle pas tout à fait étrangère à cet empressement. Mais qu'importe, et ne faut-il pas montrer un peu d'indulgence pour la rude vie que mènent les pâtres dans les montagnes.

Ils partent, d'ordinaire, dès que les premiers beaux jours du printemps ont permis à l'herbe de pousser et de remplacer par un tapis de verdure la neige que l'hiver avait accumulée sur les montagnes. Vaches et moutons commencent aussitôt à tondre le pâturage le plus voisin du village, puis on quitte ce premier échelon pour gagner, souvent par des chemins impossibles, les plateaux successivement étagés et s'arrêter enfin au point où commence la montagne aride et nue. Alors on redescend de manière à atteindre aux premiers mauvais jours les parties inférieures des vallées.

Pendant son long exil, le berger n'a de communication avec le village que par l'intermédiaire de l'enfant ou de la femme chargés de lui apporter, chaque huit jours environ, le pain de la semaine; joint au lait de ses vaches, ce pain sera sa seule nourriture désormais. Quelquefois cependant, lorsqu'un accident grave arrive à un mouton ou à une brebis et ne permet pas d'espérer la guérison, le berger utilise l'animal pour sa nourriture; mais le fait est d'autant plus rare que les pâtres tiennent à honneur de ramener toutes les bêtes à eux confiées. Pendant ces longs mois, quelle triste existence est celle de ces hommes; seuls, en face de la nature, ils doivent veiller à la conservation du troupeau: pluies, orages, brouillards, mauvais temps de toute sorte les assaillent, heureux quand ils ont pour se préserver l'abri d'une petite cabane qui leur sert de tente.

Le berger des Aiguettes était un ancien soldat blanchi par l'âge, mais vigoureux encore, à la taille un peu courbée cependant, comme si l'attitude inclinée, si fréquente chez le montagnard et si habituelle surtout chez les pasteurs, qui s'appuient fréquemment sur le bâton qui remplace la houlette des anciens temps, avait donné à son corps un pli immuable.

Il paraissait très heureux de notre visite, et la gourde encore assez bien garnie qu'on lui fit passer mit le comble à sa satisfaction. Par malheur, sa tête ne put soutenir l'assaut que lui livra le vin, pourtant assez médiocre, du père Dubuc. Bientôt la parole de notre hôte s'embarrassa d'une façon significative ; en même temps une familiarité de plus en plus grande se montrait dans ses propos, car au bout d'un instant il se mit à tutoyer tout le monde.

Cependant notre café fut vite apprêté ; on le prit sans hâte, chacun ayant fait le sacrifice de sa journée et se résignant au sort fâcheux que nous créait le brouillard de plus en plus épais. Puis on se mit en route pendant que les guides harnachaient encore les mulets.

Cette hâte intempestive fut cause qu'au bout d'une demi-heure de marche, soit à cause du brouillard, soit que les indica-

tions un peu confuses du berger nous eussent trompés, nous nous trouvâmes perdus
dans un chaos d'énormes blocs amoncelés
en désordre qui nous obligèrent à exécuter
des prodiges dignes des équilibristes les
plus fameux.

Evidemment, nous avions fait fausse
route, mais comment retrouver le chemin
avec ce brouillard épais qui ne permettait
pas de voir à deux pas. Abandonnant la
hauteur, on se rapprocha du torrent, et
bientôt les mulets et leurs conducteurs
nous rejoignaient.

Notre marche continua après cela, d'a-
bord sous la forêt, puis à travers les prairies très humides des grandes pâtures. La
petite caravane s'avançait en bon ordre, à
la file indienne, les mulets ouvrant la
marche et personne ne songeait à s'é-
carter du chemin, car le brouillard devenait de plus en plus dense. Au moment où
nous arrivions sur le territoire de Mijanès, il disparut pour faire place à la
pluie. On juge sans peine du piteux état
dans lequel se trouvaient tous les membres de l'excursion, trempés de la tête aux
pieds, quand, trois heures environ après
avoir quitté les Aiguettes, ils défilèrent
devant les habitants du village qui, pour
charmer leurs loisirs dominicaux, se te-
naient sur le seuil de leur maison. Grâce
au bon feu de la maison Dubuc, on fut
promptement remis en assez bon état. Le
reste de la journée fut employé à arranger

les plantes recueillies et à préparer la besogne du lendemain.

IV

LES ROCHERS DE MASCARA. — LE CHATEAU D'USSON

L'averse de la veille s'étant prolongée très avant dans la soirée, et plusieurs des excursionnistes se montrant un peu las, il fut convenu que la journée suivante serait employée à une course dans les environs de Mijanès. Après le déjeuner, dont l'heure fut un peu avancée, on se mit en route pour explorer les *rochers de Mascara*, souvent cités par Pourret. Le ciel était couvert ; mais, bien que le soleil ne se montrât qu'à de courts intervalles , la température restait élevée, un malaise général semblait peser sur la nature entière ; il faisait lourd en un mot.

Le *rocher de Mascara* (1,255 mètres), situé au sud de Mijanès, est une sorte de monticule de couleur blanchâtre, dont les terrasses superposées sont partiellement cultivées. Vu du village, il ressemble à un récif de roche en place à moitié immergé dans les flots des matériaux de transport.

Pour l'atteindre, il faut suivre d'abord la route qui mène à Quérigut, franchir sur un pont le petit torrent de Noubals et

prendre ensuite le petit sentier qui remonte le ruisseau. Les pentes de Mascara
commencent tout aussitôt ; nous les esca-
ladons, mais doucement, au petit pas et
avec de fréquents arrêts, à une allure que
l'on pourrait appeler « botanique », car
les végétaux à recueillir sont la principale cause de cette lenteur dans la marche, que la chaleur et le malaise général
dont nous parlions plus haut ne contribuent pas à accélérer. Aussi, mettons-
nous une bonne demi-heure pour atteindre le sommet.

De ce point, la vue s'étend au loin vers
le sud et l'ouest du Donnezan, dans la direction de Quérigut et du col des Ares.
Mais de grands nuages planent sur ces localités. Nous voyons se former peu à peu
un orage, et bientôt les maisons de Quérigut et les champs environnants ne peuvent plus être distingués. Puis, tout à
coup, un éclair sillonne la nue, le tonnerre gronde, de grandes lignes parallèles
semblent relier la terre aux nuages, et,
tout à côté, une sorte de brume blanchâtre pareille à une énorme masse de va-
peurs s'élève en tourbillonnant.

Bientôt les éclairs se succèdent avec
rapidité, tantôt rayant le ciel de traits de
feu, tantôt éclairant d'une lueur diffuse
la masse sombre des nuages.

Ce spectacle a vraiment un caractère
de grandeur singulier, et nos regards ne
se lassent pas de contempler les assauts

10

que le ciel semble livrer à la terre. Mais subitement un coup de tonnerre retentit au-dessus de nos têtes et nous nous apercevons alors de l'extension prise lentement par l'orage. Fort heureusement le village d'Artigues est au bas des pentes sud du rocher de Mascara. Il faut se hâter de se mettre à l'abri, car cet observatoire élevé ne serait pas sans danger ; aussi, descendons-nous rapidement, par d'assez mauvais chemins, jusqu'aux premières maisons du village. Là, notre petite caravane, un peu en déroute, se rallie, et nous nous installons tant bien que mal dans une fort modeste guinguette décorée du nom de café.

Quelques gouttes de pluie furent le seul résultat de cette grosse menace. Le soleil se montra de nouveau et l'excursion put être continuée. Sur les conseils des organisateurs, on se mit en marche pour atteindre le château d'Usson par le chemin qui traverse le ruisseau de Quérigut, entre Rouze et Lepla. Mais force nous fut de modifier l'itinéraire, car le pont en maçonnerie, bâti par Vauban en même temps que la route par laquelle furent amenés les canons destinés à l'armement de Montlouis, venait d'être détruit par la crue subite du ruisseau de Quérigut. L'orage, que nous avions vu fondre sur le territoire de cette commune une heure à peine auparavant, faisait déjà sentir ses terribles effets ; le ruisseau roulait des eaux fangeuses d'où s'échappait une affreuse odeur de terre fraîchement remuée et, malgré la rapidité énorme du courant, le niveau était de plus de deux mètres supérieur à sa hauteur habituelle. Dans les violents remous du torrent roulaient toute sorte de débris, planches, poutres, arbres et jusqu'à des poules noyées.

Bon nombre de gens, comme nous arrêtés dans leur marche par la destruction du pont, contemplaient ce spectacle. Plus d'un d'ailleurs ne dédaignait pas de faire la chasse aux épaves, les poules noyées paraissant exciter de préférence la convoitise des naturels du pays.

Rien ne montre mieux que cet exemple combien les riverains des torrents de montagne doivent prendre de précautions pour se mettre à l'abri des incartades de ce voisin si subit dans ses colères, surtout quand, comme ici, la majeure partie du bassin d'alimentation est convertie en cultures, sans arbres par conséquent. Ce bassin est séparé au nord du Capsir par le chaînon qui va du *Pic del Ginèvre* (2,337 mètres) à l'ouest, au *Roc du Bois Noir* (1,633 m.) à l'est, et que traverse, près de ce dernier sommet, la route du Capsir par le *Col des Ares* (1,600 m.). La hauteur générale de cette barrière est d'ailleurs considérable; on y remarque trois sommets principaux : le *Serrat des Esclots* (2,131), le *Pic de Soucarrade* (2,020) et le *Pic de Lieurous* (1,788), à l'ouest du col des

Ares. Sa longueur approximative est de 6 kilomètres.

A l'ouest, une double arête se détache du *Pic del Ginèvre* et se dirige vers le nord. La plus occidentale est celle qui se termine à 3 kilomètres de son point de départ, aux *Rocs de l'Ermite*, avec lesquels nous avons déjà fait connaissance. Sa hauteur moyenne est de 2,000 mètres. Elle sépare le bassin du ruisseau de Quérigut de la vallée du Laurenti.

De même, à l'est, un chaînon à direction nord-est, parti du *Roc du Bois Noir*, se prolonge, en longeant la rive gauche de l'Aude, jusqu'à Usson, à 7 kilomètres environ de son point de départ.

Ce bassin, d'une superficie très considérable, est en grande partie couvert de cultures, fort maigres d'ailleurs et d'un rapport véritablement infime ; les forêts n'en recouvrent guère que le quart vers l'ouest ; certains ruisseaux sont, de leur source à leur terminaison, absolument déboisés. Si l'on ajoute que la constitution granitique du sol rend ce dernier très peu perméable, il sera facile de comprendre comment, au moindre orage, l'eau, que rien n'arrête, se précipite vers le bas des vallées ravinant les terrains, enlevant champs, cultures et habitations, et venant, en fin de compte, grossir tous les torrents d'une façon formidable, malgré la pente du lit et la rapidité du débit.

Ainsi s'expliquent les crues subites des

torrents de montagne qui surprennent
le cultivateur imprévoyant, et le rendent
impuissant à combattre les effets produits
par des causes aujourd'hui bien connues
et sur lesquels il pourrait agir (1).

Mais, dira-t-on, comment faire et quel
remède apporter à un tel état de choses ?
De remède il n'y en a qu'un : modifier la
surface du sol de telle sorte que l'eau
reste, là où elle tombe, emmagasinée par
les arbres ou les gazons, qui, tout au
moins, la retarderont dans sa marche ; or,
gagner du temps est tout en semblable matière.

Ici se présente l'objection capitale, aux
yeux de quelques-uns ; ici se dresse l'obstacle qui paraît infranchissable. Oui, di-

---

(1) Ce que nous disons du ruisseau de Quérigut s'applique absolument à tous les torrents
qui se trouvent dans les mêmes conditions, et
ceux-ci sont si nombreux qu'ils constituent certainement la majorité des ruisseaux de montagne. Tout dernièrement, on a pu constater, dans
les Pyrénées-Orientales, les terribles effets du
déboisement. Il y a un mois à peine, le bassin
supérieur de l'Agly, qui est absolument déboisé,
ayant reçu une quantité d'eau considérable par
des pluies abondantes, on a vu le niveau de la
rivière monter de 5 mètres en 10 minutes, chiffres officiellement constatés par les autorités des
villages où cette crue subite a produit les plus
grands dégâts.

sent les adversaires du reboisement et du
regazonnement, nous reconnaissons que
les moyens proposés sont bons, que seuls
ils peuvent arriver à un résultat utile ;
mais si le propriétaire du terrain ne veut
pas reboiser, s'il entend continuer à laisser les choses en l'état, que faire ? Voulez-
vous le contraindre ? Mais alors que devient
le principe de la liberté individuelle ? Que
deviennent les droits sacrés du propriétaire ?

A cela, les hommes compétents répondent très justement que l'on peut facilement tout concilier. Il suffit, en effet :
1º d'établir par une enquête les points dangereux, tant dans le haut des vallées que
dans la traversée des torrents ; 2º de laisser
au propriétaire, quel qu'il soit, commune
ou simple particulier, un délai pour pro·
céder aux travaux prescrits, tout en lui
facilitant la tâche autant que les ressources
et les moyens d'action de l'Etat le permettent ; 3º si dans le délai prescrit les travaux ne sont pas faits, si surtout aucune
cause, recevable en l'espèce, ne peut être
invoquée pour un pareil retard, la seule
ressource qui reste, pour mener à bonne
fin cette œuvre, consisté dans l'expropria-
tion pour cause d'utilité publique ; 4º enfin, sur les points où les travaux sont les
plus urgents et très dispendieux, lorsqu'il
s'agit d'ouvrages considérables à établir
pour régulariser ou éteindre un torrent
suivant l'expression consacrée), que l'Etat

vienne en aide aux communes ou aux simples particuliers par des subventions dont il surveillera l'emploi, et toutes les objections sérieuses disparaîtront.

Ces choses sont si évidentes, si simples et en même temps si nécessaires, que l'on se demande vraiment comment il se fait que, depuis plus de vingt ans, les résultats pratiques n'aient pas fait plus de progrès. Pour expliquer cette situation, on parle de l'insouciance des montagnards, de leur routine et d'une foule d'autres qualités non moins mauvaises. Mais la vérité est ailleurs ; cette vérité il faut savoir la dire, quelque triste qu'elle soit. Ce qui s'oppose à l'exécution des travaux, c'est l'extension exagérée, incroyable des pâturages. Or, a dit récemment un auteur très compétent, M. Clavé, dans la *Revue des Deux-Mondes* (1er novembre 1878) : « Si » maigres qu'en soient les produits, les » communes tiennent à leurs pâturages, et » résistent d'autant plus énergiquement » à toute règlementation que ceux qui » profitent le plus de ces abus sont préci- » sément les personnages les plus riches » et les plus influents, ceux avec lesquels » l'autorité préfectorale se croit obligée » de compter pour assurer le succès des » élections. Ils sont entretenus dans leurs » résistances par les coureurs de popula- » rité qui exploitent à leur profit les pas- » sions locales et se font les interprètes » des doléances des populations. Il est fort

» difficile à un ministre, surtout sous le
» régime du suffrage universel, de passer
» outre à ces réclamations et de ne pas
» céder à ces objurgations qui vont quel-
» quefois jusqu'à la menace. Et, cepen-
» dant, le salut de ·nos montagnes, et
» par contre celui de cinq ou six départe-
» ments frontières est à ce prix. »

Voilà, n'est-il pas vrai, une situation
qui explique bien des choses. Contre elle
il faut lutter par tous les moyens, et deux
surtout nous paraissent efficaces ; c'est,
d'une part, la propagation, par la voie de
l'instruction populaire à tous les degrés,
des vérités incontestables, indéniables de
la science en ce qui touche à la sylviculture et à l'agriculture dans les montagnes.
C'est, en second lieu, l'action de l'opinion
publique qu'il faut entretenir de ces graves questions en lui en montrant toute
l'importance, afin que, mieux éclairée, elle
ne se laisse prendre à aucun des sophis-
mes mis en avant par les coureurs de po-
pularité.

Cette dernière raison suffira, nous l'espérons, à légitimer cette longue digression
à laquelle nous a entraîné le modeste
ruisseau de Quérigut.

Nous restâmes quelque temps a examiner les effets de la crue qui augmentait
sous nos yeux, puis nous nous mîmes en
marche vers Rouze par où nous comptions
gagner Usson.

La route suit d'abord en corniche la

rive du torrent ; elle s'en éloigne un peu plus loin pour contourner les escarpements au bas desquels mugit à une grande profondeur le ruisseau de Quérigut.

Le château d'Usson, éclairé par un rayon de soleil, nous apparaît, se détachant en clair sur le fond sombre formé par les rochers de la gorge de l'Aude; vu de la sorte, ce monument ressemble bien à une sentinelle placée en vedette au confluent des deux vallées.

Au-dessous de Rouze, le chemin franchit la Sonne, venue de Mijanès, dont les eaux, par leur limpidité, contrastent avec la teinte terreuse de son affluent de Quérigut, aujourd'hui bien plus considérable et roulant un volume d'eau dix fois supérieur.

Plus nous approchons d'Usson plus la gorge se rétrécit, plus aussi le courant et le vacarme produits par le torrent deviennent considérables.

Dans les dernières prairies qui s'étendent en avant du pont, nous assistons à une scène vraiment curieuse. D'innombrables truites, fort ennuyées sans doute de la modification que l'orage a produite dans le torrent qui leur sert de demeure, sautent de tous côtés hors de l'eau, se jetant dans les champs absolument comme si la nature les avait douées de pattes et non de nageoires. Une trentaine de personnes de tout âge et de tout sexe, pantalons ou jupes retroussées, sont occupés à faire la chasse aux malheureux poissons égarés sur l'herbe : chasse fructueuse d'ailleurs, où l'agilité remplace l'adresse, et dont les incidents sont salués par les cris et les rires des chasseurs.

Arrivés au point oùle chemin d'Usson se détache de la route, nous tenons conseil un instant, car il faut franchir un pont en bois jeté sur le torrent. Or, la crue pourrait bien, pour peu qu'elle continuât, emporter ce frêle passage pendant que nous serons de l'autre côté ; à l'heure actuelle, une faible distance, 50 centimètres tout au plus, sépare, en effet, le niveau de l'eau des madriers du tablier. Mais les audacieux l'emportent ; à tout hasard, on passe de l'autre côté et nous voilà engagés sur l'étroit chemin qui mène au village. Le site est vraiment curieux. Dans un étroit couloir passent la route de Rouze et le torrent qui se jette dans l'Aude quelques mètres plus loin.

Sur le côté se voit une grande et assez belle maison, pour le pays bien entendu, dont, à l'heure actuelle, tous les volets sont fermés et qui paraît abandonnée, c'est l'établissement des bains d'Usson (encore un lieu peu agréable sans doute pour des malades). Le chemin que nous suivons, très étroit et où une voiture ne saurait passer, s'élève d'abord en deux lacets munis de parapets, pour atteindre les premières maisons du village, ou plutôt du hameau, bâti sur une sorte de pain de sucre que domine le château.

Après 20 minutes d'ascension entre deux rangées d'habitations d'assez pauvre aspect, on débouche sur le plateau supérieur que les ruines du château occupent entièrement. Un escalier en maçonnerie, percé de créneaux, conduit dans l'enceinte que limitent les quatre murs, seuls vestiges de ce qui fut le château d'Usson, l'un des lieux de villégiature du roi don Sanche d'Aragon. Des caves, dont les voûtes sont effondrées en partie, éveillent les souvenirs de toutes les horreurs de la féodalité, cachots, oubliettes, etc. Mais, ce qui nous frappe le plus, c'est une affreuse odeur de putréfaction assez étrange à cette hauteur. Elle s'explique bientôt par la présence dans une cave d'un mouton, mort sans doute depuis longtemps, et sur le cadavre duquel s'escriment de leur mieux des milliers de mouches. Voilà donc à quoi les habitants d'Usson font servir les ruines de l'ancien manoir ? C'est du propre.

Par les ouvertures des murailles, on aperçoit un spectacle d'une sauvage grandeur. Le château est bâti, en effet, au sommet d'un énorme escarpement rocheux, qui domine les gorges de l'Aude et de la Sonne. Des quatre faces qui le limitent, celle de l'est regarde l'Aude ; celle du nord, le confluent de l'Aude et de la Sonne ; celle de l'ouest, la vallée de cette dernière rivière. Par la face sud, le château communique avec le village.

En se penchant au-dessus des ouvertures, qui furent jadis les fenêtres du manoir, le regard plonge dans les vallées très profondes, au fond desquelles les torrents roulent leurs eaux furieuses. En face, et à une très faible distance, se dresse la paroi opposée de la gorge couverte d'arbres. Ce paysage est d'une sombre grandeur ; le ciel, qui se couvre depuis un moment, ne contribue pas, tant s'en faut, à en égayer le caractère.

Cette nouvelle menace d'orage diminue la durée de notre séjour en ce lieu, et nous nous mettons en devoir de rejoindre la route de Mijanès, car il se fait déjà tard. Chacun se hâte, d'autant plus que la perspective de trouver le pont emporté et de passer la soirée et la nuit à Usson n'a rien de bien séduisant. Mais à peine avons-nous fait quelques pas que l'orage éclate : un éclair luit, suivi immédiatement d'un coup de tonnerre, et les échos des gorges voisines retentissent encore de ce roulement prolongé que la pluie arrive comme une énorme trombe et crépite sur les pierres du chemin bientôt transformé en torrent. Quelque désir que l'on ait d'atteindre la route, il faut chercher un abri contre l'averse. Un auvent reçoit notre petite troupe que les intempéries poursuivent décidément avec une persistance désespérante. Le tonnerre ne cesse pas un instant de se faire entendre, la pluie, et la grêle tombent de plus belle, si bien que notre refuge, lui-même, commence à être envahi. Il devient en outre fort exigu par suite de l'arrivée d'une bonne femme qui conduit un âne chargé de fourrage. Maître Aliboron n'aime pas l'eau, il ne veut mouiller ni ses longues oreilles, ni sa queue ; mais pour cela, il faudrait nous exproprier. Aidés de la bonne femme dernière arrivée, nous luttons contre l'envahissement de l'entêté quadrupède, et on ne sait vraiment de quelle façon ce combat aurait fini si, par bonheur, une porte ne se fût ouverte derrière nous. Une jeune fille d'une quinzaine d'années nous fait signe d'entrer, et nous laissons la place au porteur de fourrage. A la vue de cet intérieur, un sentiment de tristesse profonde saisit le cœur. Un banc de bois, deux lits, une hûche forment tout le mobilier de l'unique chambre dans laquelle nous entrons ; tout cela est noir, enfumé, bas, triste en un mot. La jeune fille, presqu'une enfant, qui a ouvert la porte au bruit de notre lutte avec l'âne, était seule ici, et sans doute elle se tenait blottie dans quelque coin pendant que le tonnerre retentissait de tous côtés. On l'interroge en vain, car elle ne parle pas le français ; elle répond d'ailleurs d'un air distrait ; appuyée contre le montant de la porte, le regard tourné vers la rue, notre jeune hôtesse semble attendre quelqu'un.

Au dehors, la pluie tombe toujours à torrents ; au bruit qu'elle fait se mêle le sourd grondement des torrents ; c'est un véritable déluge.

Pour passer le temps, les uns examinent leurs trouvailles de la journée, la plupart causent ; de temps à autre le plus impatient regarde à l'unique fenêtre du logis, laquelle donne sur la vallée, si l'averse va bientôt prendre fin ; mais point, il pleut toujours. A un moment cependant, un pâle rayon de soleil, perçant les nuages obliquement, vient éclairer le paysage ; sous son influence, les gouttes d'eau qui tombent du ciel se colorent ; on dirait vraiment une pluie d'argent.

Tout à coup le visage de la jeune fille change d'expression, la gaîté y remplace la douleur, toujours si émouvante quand elle assombrit les traits de la jeunesse. Un homme entre bientôt ; il porte la main à la bonnette qui couvre ses cheveux blancs et, sans prendre le temps de rejeter ses vêtements tout ruisselants d'eau, sans prendre garde à la nombreuse compagnie qui est venue chercher un refuge dans sa cabane, il embrasse la jeune fille dont les regards semblent implorer cette caresse. Nous regardons cette scène touchante qui ne dure qu'un instant, mais qui émeut quelques-uns d'entre nous plus qu'ils ne voudraient l'avouer, puis on s'approche du maître de la maison, car tout indique sa qualité. Malgré son âge avancé, il est le seul soutien de cette enfant, sa petite-fille, dont les parents dorment là-bas sous les cyprès du cimetière. La culture de quelques champs éloignés constitue l'unique ressource de la maison. Mais avec les ans est venue la maladie, une attaque de paralysie l'a laissé impotent, et, d'un geste navrant, il nous montre son pied nu ; dans sa fuite devant le mauvais temps, le pauvre homme a perdu un sabot.

Ce récit, que l'aïeul fait de la façon la plus simple, n'est-il pas plus émouvant que toutes les tirades à effet de nos mélodrames ? Et comme cet épisode fortuit en dit long sur les souffrances de ces malheureux montagnards !

Le temps devenant meilleur, nous partons après avoir remercié nos hôtes et laissé un petit souvenir au grand'père « pour acheter des sabots » dit le dispensateur de nos largesses afin de ménager leur amour-propre.

Trouverons-nous le pont à sa place pour franchir la Sonne ? Telle est notre unique préoccupation pour le moment. Aussi, dans l'impatience où nous sommes tous, on dépêche les plus agiles vers le bas de la vallée afin de mettre fin le plus tôt possible à notre perplexité. Au bout d'un instant, nous sommes fixés ; le pont a tenu bon, et la petite caravane défile bientôt en bon ordre sur ce frêle plancher en bois, qui a mieux résisté que le pont de Vauban. La rivière, plus grosse que jamais, roule une énorme masse d'eau boueuse

dans cette étroite gorge avec un bruit ef-
frayant. Depuis un moment déjà, nous
avons quitté la rive pour rejoindre le village de Rouze. le bruit du ruisseau de
Quérigut se fait toujours entendre.

Le jour tombe déjà, et nous n'avons pas
encore atteint Mijanés. Heureusement la
route est bonne ; aussi, malgré la pluie qui
recommence, malgré la pente qui s'accentue, chacun marche allégrement. Bientôt
nous faisons notre entrée à l'hôtel Dubuc, où nous trouvons un infortuné gendarme de la brigade de Quérigut qui, en-
voyé en correspondance à Ax le matin, ne
peut rejoindre son poste, vu l'état des
chemins et des torrents. Une courte conversation avec ce modeste soldat-fonction-
naire ne donne pas, assurément, la moindre envie d'entrer dans l'honorable corps
chargé de faire respecter la loi dans ces
parages.

V

DE MIJANÈS A QUILLAN PAR LES GORGES DE
L'AIGUETTE ET DE L'AUDE

Pressés de rentrer, nous nous mettions
en route, le lendemain, un de mes camarades et moi pour Toulouse.

Entre les trois routes qui s'offraient à
nous, le choix fut vite fait, car nous con-
naissions l'une, celle du col de Paillères ; la

seconde, passant par le pays de Sault, était moins intéressante que la troisième laquelle longe les sauvages défilés de l'Aude et de l'Aiguette. Notre plan consistait à aller à Carcanières, afin de prendre le véhicule qui fait un service régulier entre cette station thermale et Quillan, pour ensuite gagner Toulouse. On loua donc un cheval, que son propriétaire devait accompagner, et, après avoir chargé ce quadrupède d'une malle et d'un énorme paquet de plantes, le cavalier enfourcha sa monture ; nous quittâmes Mijanès en souhaitant bonne chance aux excursionnistes pour leurs prochaines courses.

Le jour commençait à poindre, et une faible lueur éclairait les environs du village pendant que nous traversions la région parcourue les jours précédents.

L'orage de la veille avait laissé de nombreuses traces de son passage ; le long des ruisseaux d'Artigues et du Laurenti notamment, on voyait des amas de débris, de planches, de madriers, etc, transportés par les eaux et arrêtés dans leur course par les rochers. Quant au torrent de Quérigut, la veille si tumultueux, il paraisait revenu à une allure plus calme ; l'eau, un peu trouble encore, était le seul indice de la crue rapidement passée.

Après avoir franchi le ruisseau de Quérigut, la route fait un détour pour escalader ensuite le chaînon qui, prenant son origine *au roc du Bois Noir* et se prolongeant presque en droite ligne jusqu'à Usson, sépare le Donnezan de la gorge de l'Aude. La montée, fort rude d'ailleurs, se termine au village bien nommé de Le Puch. Nous traversons l'unique rue de ce triste hameau sans exciter autre chose qu'un peu de curiosité ; puis la route monte encore, mais plus légèrement jusqu'à un autre village ; c'est Carcanières. Au bout d'un instant, nous arrivons au bord d'une tranchée profonde, tout au fond de laquelle on aperçoit l'Aude encaissée dans un lit étroit qui semble occuper tout le fond de ce sombre fossé. D'un promontoire qui domine la gorge, la vue s'étend, mais à une faible distance ; en aval et en amont, c'est toujours le même aspect. L'Aude, en effet, qui traverse le plateau du Capsir à la façon d'un cours d'eau très modeste, présente, immédiatement après, un trajet tout différent. Jusqu'auprès de Quillan, sur un parcours de plus de 30 kilomètres, elle coule dans une gorge, extrêmement étroite, qui est assurément une des particularités les plus remarquables de cette région.

Rien ne peut rendre le sauvage caractère de ce défilé. En face de nous la paroi rocheuse semble avoir été entaillée par la main de l'homme, aidée des puissants moyens, poudre ou dynamite, que l'industrie moderne met à sa disposition. Ce ne sont partout que saillies rocheuses irrégulièrement découpées. Au-dessus apparaît la montagne parée de verdure. Tout au loin se dresse une sorte de plateau sombre, c'est le massif de Madres et sa forêt.

Du point où nous sommes, on voit la route descendre par des lacets superposés jusqu'au fond de cette sorte de gouffre dont nous n'apercevons le fond que par instants.

On met une bonne demi-heure pour atteindre le bord du torrent, et, à tout moment, il semble que le chemin ne puisse aller plus loin. A mesure aussi que l'on descénd, le caractère sauvage du paysage s'accentue.

M. Reclus, dans le volume de son grand ouvrage de géographie consacré à la France, a très heureusement rendu l'aspect de cette gorge de l'Aude : « Comme
» les Alpes méridionales, dit-il, cette ré-
» gion des Pyrénées a ses formidables
» « clus » taillées par les eaux dans l'épais-
» seur du rocher jusqu'à plusieurs centai-
» nes de mètres de profondeur... Ce sont
» surtout les « clus » de l'Aude et de ses
» divers tributaires, la Guette, le Rebenty,
» qui semblent prodigieuses, même aux
» habitués des montagnes. Quand on dé-
» vale de tournant en tournant aux bains
» de Carcanières et d'Escouloubre, blottis
» sous des rochers en surplomb, dans l'é-
» troite et sombre fissure de l'Aude, on croi-
» rait descendre au fond d'un puits ; on
» est entré dans les entrailles de la terre
» et le ciel n'est plus qu'une étroite bande
» bleue entre les deux lèvres de l'abîme. »

Dans le fond de cet abîme, une grande et belle maison, l'hôtel des bains de Carcanières frappe nos regards ; près du pont en bois qui traverse l'Aude se tient une réunion très animée de bouchers, discutant le prix de leur marchandise à grand renfort de cris et de gestes. Plusieurs voitures à deux roues sont rangées tout à côté du lieu du débat, preuve évidente du rôle important que joue le modeste marché du pont de Carcanières dans l'alimentation du pays.

Laissant les bouchers à leurs affaires, nous prenons le chemin qui se détache de la route pour desservir l'hôtel et l'établissement des bains, fort modeste d'ailleurs, situé tout à côté. Arrivés dans la maison qui abrite les baigneurs, nous nous informons des moyens de transport pour gagner Quillan ; mais, à notre grand déplaisir, on nous annonce que la voiture est partie depuis plus d'une heure ; pour comble de malheur, on affirme qu'il n'est pas possible de trouver un cheval et une voiture pour suppléer au service régulier. Carcanières va donc compter deux hôtes de plus, perspective peu réjouissante, car les distractions ne doivent pas être nombreuses dans ce lieu. Aussi revenons-nous à la charge, ce qui provoque des réponses moins formelles. De tout cela nous concluons qu'un départ précipité contrarierait fort nos interlocuteurs. Il faut donc faire la part du feu ; nous déclarons avec

une feinte satisfaction que nous ne comp-
tons partir qu'après déjeuner. Aussitôt un
changement à vue se produit et on offre
de nous transporter sur un char-à-bancs,
moyennant finances bien entendu, jusqu'à
Quillan. Inutile de dire que l'offre est ac-
ceptée. Pour tuer le temps, nous visitons
l'établissement de la Baraquette, dont le
propriétaire, un descendant, paraît-il, du
fameux Roquelaure (dont il n'a pas la lai-
deur), nous fait les honneurs avec toute la
complaisance désirable. Puis, ayant épuisé
ainsi la liste des distractions qu'offre le
pays, nous nous amusons à voir les allées
et venues des baigneurs et des baigneuses,
en attendant l'heure du déjeuner. Celui-ci
terminé, on fait les derniers préparatifs
de départ et, après avoir payé notre tri-
but, nous nous mettons en route.

Pour sortir de la gorge de l'Aude, la
route, très suffisamment large et bien en-
tretenue, monte en écharpe sur la rive
droite, après avoir franchi le torrent ; le
chemin est creusé dans le roc vif jusqu'à
une certaine hauteur ; il se dirige obliquement vers le nord avec un certain nombre de détours imposés par la configura-
tion du sol : bientôt nous dominons toute
la tranchée de l'Aude, qui, de ce côté,
est un peu moins abrupte, sans cesser toutefois de présenter des escarpements considérables.

A mesure qu'il s'élève, le voyageur voit
se dérouler le beau paysage des hautes ci-

mes qui limitent le Donnezan au sud. Après avoir dépassé le chemin qui mène, à travers une petite gorge, aux bains d'Escouloubre, on atteint le petit col du Pavillon (non porté sur la carte d'état-major). La route longe pendant un instant un monticule ̓de forme arrondie, que couronnent des rochers à l'aspect singulier, car ils ressemblent d'une façon frappante aux ruines d'un ancien château, et ont reçu, à cause de cela sans doute, le nom de *Roc du Castellas*. A droite et à gauche s'étendent des champs cultivés dont la surface est couverte de meules de paille, et sur lesquels paissent de nombreux moutons. A l'ouest, s'ouvre le col du Caravel. Au sud, se voit une forêt qui surmonte un plateau allongé.

Afin d'alléger notre équipage, nous montions cette longue côte à pied, le conducteur et moi. Mais quelque soin qu'ait pris l'administration des ponts et chaussées afin de faire disparaître ou d'atténuer les pentes, elle n'a pu y parvenir assez complètement pour rendre cette montée facile. Le cheval avait donc fort à faire pour traîner la voiture, les bagages et un des voyageurs ; aussi, malgré la chaleur de la journée, j'avais pris les devants. Aucune fâcheuse rencontre n'était à craindre d'ailleurs. Le véhément discours qui me fut adressé, en sa langue, par un énorme chien de berger, dérangé sans doute dans son sommeil, fut le seul incident de cette

course. Un fait en dira plus long que tous
les commentaires sur le degré de fréquen-
tation de cette route. Tout près des rochers du Castellas, j'aperçus, en travers de
la route, une vipère étendue tout de son
long et faisant la sieste le plus tranquillement possible ; mon passage ne l'émut
pas le moins du monde, et je ne jugeai
pas à propos de troubler son sommeil.
Peut-être les choses se fussent-elles pas·
sées différemment si j'avais eu en main
une canne ou le moindre bâton.

Le coup d'œil dont le voyageur jouit du
haut du col du Caravel est merveilleux.
Quand ses regards se portent vers l'ouest
et le sud, il voit toute la chaîne qui s'é-
tend du col de Paillères au bord de l'Aude,
avec ses hauts pitons, ses cols, ses passages et ses flaques de neige. Vue ainsi,
cette arête a vraiment un grand caractère.

Vers l'est, le paysage est absolument
différent. Qu'on imagine un vaste plateau
semblable au lit d'un lac desséché, sur lequel plusieurs villages sont épars; des
croupes modérément hautes, mais sur les
flancs desquelles de magnifiques forêts de
sapins sont établies, limitent le bassin ;
au-dessus se voient des sommets plus élevés, quelques-uns également couverts de
forêts d'un vert sombre presque noir ;
tout au fond, vers l'est, apparaît une
étroite gorge aux parois verticales, nues
et arides. C'est le bassin du Bousquet,

ainsi nommé du principal village du pays, dont l'altitude moyenne est de plus de 1,000 mètres au-dessus du niveau de la mer. L'impression que l'on éprouve en voyant ce paysage calme et tranquille, après le sauvage défilé de l'Aude et les nombreux accidents de terrains du Donnezan, repose vraiment l'esprit. C'est une sorte d'oasis au milieu d'un désert de rochers.

Mais ce sont surtout les belles forêts de sapins, que l'on aperçoit dans toutes les directions, qui donnent au paysage son cachet particulier. Toute la région qui s'étend au sud du bassin du Bousquet est, sous ce rapport, extrêmement riche : on y trouve les forêts du Carcanet, le long de la rive droite de l'Aude ; puis, en allant vers l'est, la forêt du Bois, la forêt de Lapazeuil, la forêt de Salvanère ; enfin, plus à l'est encore, la forêt de Boucheville. Plus en avant, vers le nord, les montagnes de l'Aude prennent la forme de vastes plateaux. Deux des plus belles forêts de France sont établies sur ces hauteurs : ce sont la forêt du bac d'Estable et la forêt des Fanges, tout près de Quillan.

Enfin, un troisième groupe est formé à l'ouest de Quillan par une série de plantations d'importance moindre, mais assez régulièrement établies, et qui affectent la même disposition générale, symétrique par rapport à Quillan, que la forêt des Fanges : ce sont les forêts de Calloug, du Tra-

banet, de Tury, de Picaussel, de Puivert
et de Carbonnel, celle-ci confinant à la
belle forêt de Belesta qui appartient à
l'Ariège.

Comme on le voit, les grandes plantations
ne sont pas rares dans cette partie du département de l'Aude ; quant à leur valeur,
elle dépend du mode d'exploitation et aussi
du propriétaire. Celles qui appartiennent
à l'Etat sont bien entretenues,. traversées
par des routes forestières nombreuses et
vraiment magnifiques. Les arbres y ac-
quièrent, en un temps relativement court,
des proportions considérables qui permettent de les utiliser pour la marine. Voici
d'ailleurs, à cet égard, un extrait du rapport fait en 1840 par une commission
chargée d'étudier et d'expérimenter les
différentes espèces de bois propres à la
mâture. « Sous le rapport de la résistance
» on voit qu'à l'exception du pin des Flo-
» rides, dont le grain et la composition se
» rapprochent des bois durs, les sapins
» provenant des forêts de l'Aude l'empor-
» tent sur tous les autres bois qui leur ont
» été comparés, même sur les pins sylves-
» tres de Riga, exclusivement employés
» jusqu'ici à nos mâtures. On peut donc
» conclure que le climat influe sur la force
» du bois d'une manière bien plus éner-
» gique que la lenteur et la régularité de
» la croissance ; et qu'au lieu d'attendre
» trois cents et quatre cents ans, comme
» on a été obligé de le faire dans la Nor-

» vège et la Russie pour obtenir des bois
» propres à la grosse mâture, on pourrait
» obtenir les mêmes dimensions, sans
» craindre de diminution de force, en cent
» quatre-vingts ou deux cents ans dans le
» nord de la France, et en cent cinquante
» ou cent soixante ans dans les provinces
» méridionales. »

Bien que les progrès des constructions navales et·l'adoption de nouveaux types pour notre marine de guerre aient un peu diminué l'importance de la mâture, la bonne qualité du bois de sapin rend cette essence extrêmement précieuse; ajoutons que les services rendus par ces forêts au point de vue de la météorologie forestière et de la fixation des terrains suffisent d'ailleurs à légitimer amplement les soins apportés au bon entretien et à la culture de ces magnifiques plantations qui donnent à cette partie du département de l'Aude un très beau caractère (1).

Après avoir admiré le curieux paysage du bassin du Bousquet, nous descendons jusqu'au village, situé à une faible distance; là, la petite troupe fait halte pour se désaltérer, et on nous apprend que les orages des jours précédents ont si fort endommagé la route de Quillan que le pas-

---

(1) Voici, d'après les relevés statistiques fournis par l'administration des forêts, à propos de la

sage est difficile, peut-être même impossible, sur certains points. Je laisse à penser l'impression que produisent sur nous ces fâcheuses nouvelles. On remonte donc en voiture afin de gagner du temps et de ne pas se laisser surprendre par la nuit. Ici, le chemin est excellent, ce qui permet

---

dernière Exposition universelle, quelques chiffres intéressants sur l'état des forêts en France :

Surface totale des forêts
    de la France........ 9,185,310 hect.

Se subdivisant ainsi :

A l'Etat................	967,118 h.
Départem. ou communes.	2,058,729 h.
Etablissements publics..	32,055 h.
Particuliers............	6,127,398 h.

Essences feuillues.

Surface couverte : 7,348,310 hectares.

Chêne....................	2,664,000 h.
Hêtre....................	1,745,000 h.
Charme..................	1,102,000 h.

Essences dont l'évaluation est impossible : châtaignier, frêne, tilleul, érable, orme, bouleau, tremble, alisier, merisier, etc.

Essences résineuses.

Surface couverte : 1,857,000 hectares.

Sapin...................	643,000 h.
Epicéa.	275,000 h.
Mélèze..................	184,000 h.
Pin Sylvestre.	413,000 h.

à notre véhicule de filer à un bon train. Après avoir longé la base des croupes arrondies formant la limite nord du bassin du Bousquet, on atteint le village de Roquefort-de-Sault situé à plus de 1,000 mètres au-dessus du niveau de la mer; puis le chemin s'engage dans la gorge creusée entre deux éminences rocheuses.

La route descend par une pente extrêmement rapide dans cet étroit défilé, à peine suffisant pour livrer passage au torrent, sur lequel il a fallu construire le chemin. En se penchant un peu on pourrait atteindre la rive opposée, formée, comme celle que nous suivons, par des escarpements rocheux qui s'élèvent verticalement. Quelques ronces ont trouvé le moyen de vivre dans ce creux où le soleil ne pénètre guère, et si nous ne nous garions de leurs atteintes, elles nous fouetteraient le visage de leurs frondaisons épineuses chargées de fleurs.

Plus loin, la route rejoint l'Aiguette, ruisseau considérable venu des pâturages de Madres.

Ici, nous sommes en plein fantastique; la gorge de Carcanières elle-même n'est rien, comparée à ce sombre défilé, où cependant les ingénieurs ont pu, avec quelles peines on le devine, construire une route carossable. Celle-ci, toutefois, est si étroite, qu'un véhicule peut à peine y passer; aussi a-t-on ménagé, là où cela a pu être fait, des sortes de refuges où les charrettes et les voitures se garent pour laisser passer les autres.

Après deux kilomètres, l'Aiguette reçoit sur sa rive droite, près du village de Sainte-Colombe, un ruisseau venu de la *Montagne Rase*.

Sainte-Colombe est un petit village placé au confluent des deux vallées dans une position vraiment singulière. D'énormes escarpements dominent de plus de 400 mètres les maisons du hameau, celles-ci irrégulièrement bâties sur les deux rives de l'Aiguette. Un pont nous conduit sur la rive droite du torrent que nous allons suivre désormais et dont nous apercevons la vallée sous forme d'une gorge encore très abrupte, mais moins encaissée que tout à l'heure.

Cette partie de la route est vraiment charmante : de chaque côté du torrent, les berges se relèvent en une pente, très inclinée, mais non verticale, formée par la roche en place d'un blanc cru. Cette pente aboutit à une sorte de terrasse supérieure, sur laquelle on voit une bordure verte formée par les arbres de la forêt.

De plus, comme le chemin descend ferme, on domine le cours inférieur de l'Aiguette, et le panorama change à chaque tournant du chemin.

On ne se lasserait pas vraiment d'admirer ce curieux paysage, mais la route, jusque-là très bonne, devient à un moment plus difficile : nous nous trouvons en présence des modifications produites par les orages des jours précédents. L'eau, en effet, impuissante à raviner très profondément le terrain, a fait dégringoler une quantité énorme de petits rochers, détachés des pentes, et, en certains endroits, cette cataracte de pierres, roulant sur la roche aride, est venue s'arrêter dans le creux de la route ; les pierres, retenues par le parapet, forment là de véritables cônes de déjection, mettant le terrain de niveau avec la pente supérieure. Notre modeste équipage va-t-il pouvoir passer ? Quant à déblayer la route, on n'y saurait penser. Que faire pourtant ? Il est vraiment trop pénible de retourner en arrière. En avant donc, mais chacun de nous a ici son rôle à remplir : on laisse un voyageur dans le char-à-bancs pour servir de lest, le conducteur prend le cheval par la bride, et, pour ma par, je m'efforce d'attirer la voiture du côté opposé au torrent.

Nous passons ainsi les premiers obstacles, mais un peu plus loin il faut encore modifier la manœuvre. Les cônes sont si développés qu'il y aurait danger à rester dans la voiture ; tout le monde descend donc, et s'il arrive un accident, nos malles iront piquer une tête dans l'Aiguette en compagnie du cheval et de la voiture ; le plus exposé est encore notre conducteur, obligé de se tenir à la tête du quadrupède, peu fougueux fort heureusement, pour l'empêcher de tomber·du côté où il penche, parfois- d'une terrible façon.

Grâce à ces précautions, nous passons sans encombre et approchons d'un point où la route semble barrée par une énorme montagne. Les deux rives se redressent peu à peu, deviennent bientôt verticales, et c'est par un véritable couloir que nous débouchons dans la vallée de l'Aude, au confluent de l'Aiguette.

- De tous côtés, on ne voit que saillies rocheuses et murailles abruptes. L'Aude mugit en contre-bas à une grande profondeur; on reste en admiration devant ce paysage dont rien ne peut dépeindre la sauvage grandeur et qui, même après le défilé de Carcanières et celui de l'Aiguette, frappe d'étonnement. Au bord du torrent, on voit l'amorce de la route, non encore terminée, qui longe l'Aude jusqu'à Usson.

Mais nous ne sommes pas encore au bout de nos surprises.

La route, toujours en corniche au-dessus de la rive droite, se continue pendant quelques kilomètres; puis elle descend presque au bord du torrent et devant nous se dresse brusquement une énorme muraille de plusieurs centaines de mètres de haut, nue et aride. Cette muraille, formée par les contreforts de la montagne du *Bac d'Estable* (1,512 m.) dont le sommet en plateau est couvert d'une magnifique forêt, se prolonge jusqu'au bord même de l'Aude, ne laissant pas, par conséquent la moindre place pour la route. Il a fallu ici creuser un tunnel sous la montagne, et on comprend sans peine de quelles difficultés ce beau travail a été entouré. Il n'est pas davantage utile de décrire le singulier aspect qu'offrent l'entrée et la sortie de ce souterrain, après une série d'étroits couloirs qui ont fait donner à ce lieu le nom de Gorges de Saint-Georges.

La vallée s'élargit un instant, puis se resserre de nouveau au village d'Axat, où la route passe sur la rive gauche, pour devenir de plus en plus étroite à quelques kilomètres plus loin.

Après avoir dépassé le confluent du Rebenty dans l'Aude et le village de Saint-Martin de Teissac, on arrive bientôt en un point tout à fait semblable aux défilés de Saint-Georges. C'est le défilé de Pierre-Lis. Ici encore, une galerie a dû être pratiquée sous la montagne. Elle fut creusée, assure-t-on, par les habitants de Saint-Martin, que le curé de ce dernier village conduisait à l'ouvrage tous les dimanches après vêpres ; on peut se faire une idée de la lenteur de la besogne. Sur l'ouverture nord du tunnel, on lit l'inscription suivante destinée à perpétuer ce souvenir :

> Arrête, voyageur, le maître des humains
> A mis ici la force et la lumière ;
> Il a dit au pasteur accomplis mes desseins.
> Et le pasteur des monts a brisé la barrière.

Après un court trajet, la vallée s'élargit

de nouveau ; nous arrivons bientôt à Quillan dont le voisinage s'annonce par la présence, de chaque côté de la route, de grands établissements industriels, parmi lesquels il convient de signaler de nombreuses scieries.

Quillan, ville importante de 2,556 habitants, se trouve située dans une plaine dont la vue repose singulièrement après les régions accidentées des montagnes de l'Aude. Mais ce qui donne à la ville son cachet particulier, c'est l'aspect de l'horizon sud et ouest. Là, se dressent des plateaux couverts de forêts , d'un effet véritablement très curieux. Au sud se prolongeant vers l'est, c'est la forêt des Fanges ; elle occupe une immense étendue du terrain et s'élève de près de 500 mètres au-dessus de la plaine.

Nous eûmes à peine le temps de jeter un coup d'œil sur ce curieux paysage. L'orage, qui chaque jour avait troublé notre soirée, ne pouvait pas faire défaut. Il arriva, en effet, en gros nuages noirs qui semblèrent déboucher de toutes les vallées à la fois et se réunirent au-dessus de Quillan ; la ville fut en un instant inondée par une pluie torrentielle. Ce contre-temps, auquel nous étions, quant à nous, habitués, porta le plus grand désordre dans les rangs d'une procession qui parcourait la cité. Au premier coup de tonnerre, on vit les jeunes filles vêtues de blanc se précipiter, affolées, dans toutes les directions, et les rues, tout à l'heure pleines de monde, n'offrirent plus bientôt aux regards que le fort médiocre aspect d'une ville inondée.

Après un excellent diner à l'hôtel des Pyrénées, nous prenions congé de notre obligeant conducteur et, très fatigués par le long chemin parcouru depuis le matin, (plus de 40 kilomètres) nous nous hâtions d'autant plus de rejoindre nos lits que la diligence pour Limoux partait avant le jour.

Le lendemain, à 11 heures du matin, nous arrivions à Toulouse.

CONCLUSION

Parvenu à la fin de cette double relation de voyage, est-il nécessaire de faire ressortir tout l'intérêt, peut-être incomplètement mis en évidence par les notes qui précèdent, des deux régions parcourues ? L'exécution de cette tâche nous entraînerait trop loin ; bornons-nous donc à quelques indications sommaires à cet égard.

Au point de vue scientifique, l'exploration complète du Donnezan par MM. E. Timbal-Lagrave et Jeanbernat a déjà produit d'importants résultats. Ils sont consignés dans le Mémoire publié par ces deux auteurs, sous le titre : *Le Massif du Laurenti*, (Savy, éditeur) volume de plus de 400 pages, où se trouvent étudiées à fond la topographie, la géologie et la flore de ce curieux pays.

Le temps n'est pas loin où une monographie analogue, aujourd'hui en préparation, fera connaître le résultat des explorations analogues faites dans le Capsir. Ce nouveau travail, joint aux publications antérieures des mêmes auteurs sur les Corbières et le littoral du Roussillon, constituéra un ensemble de documents d'une haute valeur, touchant cette partie du sud de la France que limitent la mer Méditerranée à l'est, les Pyrénées au sud, la chaîne de partage des eaux à l'ouest.

Les autorités les plus compétentes, et notamment le Conseil supérieur des Sociétés savantes en décernant aux auteurs deux médailles d'argent, ont montré le mérite de ces belles recherches.

Désormais les botanistes et les géologiens peuvent se rendre dans ces localités pour y rechercher les espèces indiquées ; les notes et les déterminations, si complètes, de MM. Jeanbernat et Timbal-Lagrave rendront leur tâche facile et leurs courses fructueuses.

Au point de vue pittoresque, le Donnezan et le Capsir sont deux régions véritablement merveilleuses dans lesquelles on trouve réunis, sur un espace de terrain relativement peu considérable, les exemples les plus curieux des grands spectacles offerts par la nature dans les montagnes.

Que les touristes aillent donc visiter ces régions si interressantes et malheureusement peu connues ; ils y verront, à côté des grands panoramas de montagnes, qui ne sont pas rares assurément dans les autres parties de la chaîne, certaines particularités, comme les gorges de l'Aude, de l'Aiguette, de la Tet et les plateaux boisés des environs de Quillan, dont on chercherait en vain les analogues ailleurs.

Quant à l'auteur de ces notes, il s'estimerait heureux si la lecture des pages qui précèdent pouvait inspirer à ceux qui aiment la vie au grand air le désir de voir les belles choses qu'il s'est efforcé de décrire. Mais, même n'en fût-il pas ainsi, il aurait pour se consoler cette pensée qui servira d'épigraphe à son travail : « Connaître son pays, c'est l'aimer ; le faire connaître, c'est lui être utile. »